SÉRGIO ROCHA LIMA

HOJE EMPREGADO, AMANHÃ EMPREENDEDOR

Copyright© 2021 by Literare Books International.
Todos os direitos desta edição são reservados à Literare Books International.

Presidente:
Mauricio Sita

Vice-presidente:
Alessandra Ksenhuck

Diretora executiva:
Julyana Rosa

Diretora de projetos:
Gleide Santos

Relacionamento com o cliente:
Claudia Pires

Capa e projeto gráfico:
Gabriel Uchima

Diagramação:
Candido Ferreira Jr.

Revisão:
Rodrigo Rainho

Impressão:
Impress

Dados Internacionais de Catalogação na Publicação (CIP)
(eDOC BRASIL, Belo Horizonte/MG)

L732h   Lima, Sérgio Rocha.
        Hoje empregado, amanhã empreendedor / Sérgio Rocha Lima. –
São Paulo, SP: Literare Books International, 2021.
        16 x 23 cm

        ISBN 978-65-5922-200-1

        1. Literatura de não-ficção. 2. Empreendedorismo. 3. Liderança.
I. Título.

                                        CDD 658.4

Elaborado por Maurício Amormino Júnior – CRB6/2422

Literare Books International Ltda.
Rua Antônio Augusto Covello, 472 – Vila Mariana – São Paulo, SP.
CEP 01550-060
Fone: (0**11) 2659-0968
site: www.literarebooks.com.br
e-mail: contato@literarebooks.com.br

PREFÁCIO

Você deve estar se perguntando: como é possível deixar de contar com o salário na conta como empregado para iniciar um negócio e passar a ser o dono do seu próprio negócio, se tornando ao mesmo tempo empregado e patrão?

Veja, não é impossível, você precisa despertar para algumas atitudes que devem estar adormecidas, como:

✔ **Ser corajoso**
Saber vencer o medo.

✔ **Se antecipar aos problemas**
Saber vencer a procrastinação.

✔ **Ter iniciativa**
Saber vencer a preguiça e chegar na frente.

✔ **Ser determinado**
Saber ir com muita vontade aos seus objetivos.

A leitura deste livro nos remete a algumas reflexões com relação à capacidade de empreender, tanto o leitor que desde jovem acredita na sua veia empreendedora, quanto aquele leitor que durante anos trabalhou ou trabalha de carteira assinada e se vê na necessidade e/ou vislumbra uma oportunidade de abrir um negócio.

E o empresário, que já tem um negócio e percebe a necessidade de captar e fidelizar seus clientes, vai obter informações importantes de como revisitar o seu planejamento.

Sérgio Rocha Lima, com base na sua experiência como empregado, executivo de grandes empresas e hoje professor, empresário e consultor de empresas, de uma forma objetiva, aborda neste livro conceitos importantes e ferramentas que ajudarão você, leitor, a identificar que possui atitudes e competências, ou mesmo avaliar a possibilidade de desenvolver aquelas que o auxiliam a iniciar um negócio ou aprimorar, no caso de você já ter uma empresa.

Muitos negócios fracassam em função de não terem sido planejados adequadamente, ao longo dos capítulos, Sérgio demonstra a importância de um bom planejamento para o sucesso do negócio, como por exemplo a análise do contexto, o cenário no qual o negócio será ou está inserido, que é fundamental considerando os aspectos econômicos, políticos e sociais.

Ainda falando de planejamento, o autor consegue abordar com clareza, trazendo exemplos práticos da definição da estratégia das empresas, seja micro, pequeno ou um grande negócio, destacando também ferramentas como o PDCA – cujas siglas significam Planejar, Desenvolver, Checar e Agir corretivamente – e o modelo 5W2H, para a elaboração de um correto plano de ação, para o cumprimento das metas e objetivos traçados.

Outro ponto de destaque no livro é a relação com o cliente, fundamental para a captação e fidelização de quem, de fato, vai fazer com que seu negócio progrida.

Leitor, como o Sérgio diz, o empreendedor não nasce pronto, pode desenvolver competências e se tornar um empresário. O livro mostra que, com o desenvolvimento de competências específicas e a utilização de modelos e planos de negócios, bem como a uso de ferramentas para auxiliar no planejamento e estabelecimento de metas, é possível se tornar um empreendedor de sucesso.

As oportunidades de emprego de carteira assinada estão cada vez mais difíceis, uma vez que as empresas sofrem com a crise econômica e sanitária neste momento, prejudicadas pela pandemia. Sem empregos, é preciso se reinventar, buscar alternativas, e partir de empregado a empresário.

Márcia Bontorim

INTRODUÇÃO

Como descobrir um problema que afeta a humanidade e pode ser transformado em negócio de sucesso? Tudo começa com uma ideia a partir de observações e atenção ao nosso cotidiano, mas o importante é validarmos essa ideia junto aos nossos possíveis clientes, com quem constataremos se realmente é um problema que atinge muitas pessoas.

Descobrir um problema é a alma do negócio!

Algumas dores e questões pelas quais passei inicialmente para abrir o meu negócio sem ócio estão descritas abaixo:

1) Quero abrir um negócio, mas não sei por onde começar.

- **Resposta:** Tudo começa com uma ideia, que vai atender a um público-alvo e vai resolver um problema.

2) Como determinar e achar um problema?

- **Resposta:** A observação é a maneira mais simples de se encontrar um problema que afeta a humanidade. Vamos dar o exemplo da Uber, o seu criador observou o "problema" do desconforto do usuário de táxi, ao querer contratar os serviços dos taxistas em um dia de chuva, quando esse cliente tinha que ir para o meio da rua para chamar um táxi.

3) Como determinar o nosso público-alvo para evitar errar e oferecer nossos produtos e serviços para pessoas erradas?

- **Resposta:** Só existe uma maneira de conhecer o seu mercado, que a sua ideia vai atingir. Para isso, a ferramenta auxiliar poderosa é a pesquisa de mercado profissional, uma vez que o resultado dessa pesquisa vai nos dar afirmações como: devo ir em frente? Ou devo mudar o rumo de acordo com o que as pessoas necessitam? A tabulação da pesquisa de mercado vai me ajudar a dar essas respostas.

4) Trabalho, trabalho, trabalho, e mesmo com todo esse trabalho "hard" tenho dificuldades financeiras para pagar minhas contas no final do mês.

- **Resposta:** Deve ser feita uma anamnese para se verificar onde está a dor, para a partir de exames e tomografias se dar o remédio certo e eliminar essa dor. Para onde está indo o dinheiro que eu ganho sem ócio?

5) Será que a minha empresa dá realmente lucro?

- **Resposta:** O empreendedorismo é científico e não amador, para se dar um diagnóstico financeiro certeiro devemos eliminar o "eu acho" e transformar o "eu acho" em "eu sei", ou seja, transformar hipóteses em teses, e, assim, através de estudo e metodologias se determinar a lucratividade.

6) Será que eu tenho o DNA empreendedor?

- **Resposta:** Através de entrevistas voltadas para a liderança e soluções de *coaching*, poderemos verificar a vocação empreendedora com o autoconhecimento.

7) Será que eu faço uma boa gestão do meu negócio, pois os resultados não são como eu gostaria?

- **Resposta:** Isso será verificado através de indicadores que convergirão em objetivos e metas, e assim verificaremos se os resultados estão sendo alcançados (previsto x realizado), através de uma boa gestão.

8) Tenho dificuldades em conseguir clientes.

- **Resposta:** Temos que ter um bom plano de *marketing* para atingir o cliente certo na hora certa, transformando prospecções em *leads* e *leads* em conversão de vendas. Após o *marketing*, as competências comerciais são fundamentais para a pré-venda, venda e pós- venda, e assim se conseguir clientes.

9) Como fazer um planejamento estratégico?

• **Resposta:** De forma científica, devemos estudar os cenários e as tendências de mercado em curto e médio prazos e estabelecer objetivos e metas para se fazer um bom planejamento.

Essas são apenas algumas das grandes dificuldades para quem vai começar a empreender, ou mesmo quem já está empreendendo. Descobrir um problema, transformar esse problema em solução, e a partir dessa solução montar um negócio próprio, que pela ideia deve ser brilhante e terá uma alta demanda de consumo, essa é a fórmula do sonho para mudarmos de uma ideia para um negócio matador. Todo empreendedor deve ser criativo e a criatividade é um exercício constante. O desejo de todo empreendedor é tornar o seu negócio lucrativo e próspero, elogiado pelos consumidores e admirado pelos clientes, para que esses clientes nunca mais frequentem a concorrência.

Em 1978, me formei e me graduei em ciências exatas, e sempre com o desejo de ganhar mais que o meu próprio salário nominal, que os meus empregadores na época me pagavam. Só tinha um jeito de conseguir isso, empreendendo com ética, paralelamente ao meu emprego sólido de engenheiro. Como não houve conflito de interesses, iniciei essa situação dúbia, de trabalhar com um bom salário em uma empresa sólida de economia mista (privada/estatal), onde era concursado, e ter somado ao meu salário, o salário de empreendedor, aos meus proventos, que me tornavam uma pessoa bem-sucedida financeiramente, com meus próprios esforços. Já naquela época, tinha o tino comercial e olhava sempre os problemas que não eram resolvidos pelo mercado, e tinha na minha cabeça sempre propor soluções objetivando ganhos financeiros. Com essa vertente empreendedora, falando de negócios, com essa filosofia empresarial fundei uma empresa de treinamento com mais dois sócios, que me complementavam com cursos das suas formações. Tínhamos laços e afinidades acadêmicas e através de contrato com o Centro de Produção da UERJ (CEPUERJ), exercíamos docência profissional com experiência de mercado, eu na área de telecomunicações, outro sócio, Mendonça, na área de elétrica, e o terceiro sócio, Celso Gusmão, nas áreas de mecânica e ar-condicionado. Éramos professores de cursos de extensão universitária e tínhamos sempre as salas de aula superlotadas, com os assuntos técnicos das disciplinas das nossas áreas. Qual era o segredo? Descobrimos um problema e nossa proposta foi dar a solução. Passávamos experiências vivenciais da engenharia na prática. Nossos cursos de extensão tinham uma pegada com temas que os profissionais não aprendiam nos bancos escolares, nas suas formações acadêmicas, e tinham necessidade desse aprendizado para melhor desempenho no dia a dia de trabalho, com a passagem do nosso conteúdo programático, para exercerem bem as suas profissões nas suas empresas, ou seja, as faculdades nas suas ementas de engenharia deixavam de incluir o que os alunos realmente necessitavam na prática. Esse era o problema. Com as nossas formações acadêmicas e experiência profissional, escutando os alunos e olhando as demandas, fundamos a Três Treinamento Especializado, que seria um concorrente do CEPUERJ, onde pedimos demissão e propusemos soluções em carreira solo empreendedora, com a real necessidade de mercado com diferenciais competitivos, mas aprendendo sempre o que é o empreendedorismo e se aprimorando nessa disciplina espetacular. Conclusão: nossos cursos cresceram e tinham fila de espera. Diversificamos, crescemos e começamos a fazer seminários de Telecom, com temas atrativos para os profissionais da área, o que também foi um grande sucesso, pois em cada seminário pesquisávamos as necessidades de cursos e treinamentos que não existiam nas prateleiras dos nossos concorrentes, e a nossa solução surgia como única no mercado, pelo menos durante um curto intervalo de tempo, enquanto a concorrência não nos incomodava copiando as nossas ideias bem-sucedidas. Tudo isso sem deixar de ser CLT.

Sofremos inicialmente, uma vez que éramos engenheiros ("engenheirões" cabeçudos) de formação, mas com muito estudo e treinamento para conhecer mais e melhor os conceitos teóricos e práticos de empreendedorismo. Aprendemos como gerir um negócio, nas áreas de *marketing*, recursos humanos e finanças.

Embora contrariando o aconselhamento da frase do meu pai, jornalista, empregado CLT, que me dizia e recomendava: "Vá à escola, tire boas notas, encontre um emprego seguro com a sua formação que vou ajudá-lo a se graduar, mas que a sua escolha seja em Medicina, Direito ou Engenharia (muito bem, escolhi Engenharia), e se quiser ficar rico, trabalhe honestamente e fortemente como empregado de uma grande empresa".

Até um determinado ponto da minha vida, segui religiosamente os conselhos do meu pai, que com a sua ajuda financeira me formei em Engenharia e depois em Análise de Sistemas. Fiz concurso para estagiário em uma concessionária de telecomunicações. Eu me empreguei e segui carreira, sempre sendo gestor, só que estava demorando muito para ficar rico, pelas minhas competências cheguei como empregado padrão à assessoria da presidência, em uma operadora de economia mista, que na época tinha 15.000 funcionários, mas nada de ficar rico, era ambicioso na profissão e confesso que não estava feliz.

Foi então que resolvi seguir a minha outra metade, o que minha mãe empreendedora, dona de boutique, me dizia: se quiser ficar rico, meu filho, empreenda e torne-se um empresário de excelência.

E assim, acreditando nesses conselhos empreendedores da minha matriarca, concretizei o meu desejo empreendedor. Com essa decisão, minha mãe estava sempre no *back office*, me ensinando na prática os conceitos de como ser um empresário bem-sucedido. Criei três empresas, além da Três Treinamento, a primeira quebrei, e com as duas outras só tive sucesso, embora não tenha ficado rico (rico só na saúde). Estou, nos tempos atuais, realizado profissionalmente somente como empresário (saí pelo PDV – Plano de Demissão Voluntária – da operadora de Telecom). Depois de aprender com muitos erros, inclusive com a falência, voltei para o mercado como executivo de uma televisão na área de Telecom. Mas não aguentei e voltei, com meu DNA empreendedor, a ser empresário. Agora mais maduro e feliz com o meu lado social de estar empregando pessoas e ajudando muita gente a empreender, pessoas essas que vivem em comunidades, empreendem por necessidade e têm muito para dar para a sociedade, assim como ofereço mentoria para PCD's, pessoas incríveis que também me ensinaram muito.

Hoje empresário, como consultor de empresas na área de negócios, com muitos anos de experiência, onde já fiz muitas empresas darem lucro, constato que existem alguns fatores que se tornam dificuldades cruciais para os empreendedores. Encabeçando a lista, temos a pergunta: por que as empresas não crescem e não dão certo? Temos como resposta principal a falta de planejamento, que impede o empreendedor de pensar no estratégico, pois ele só tem tempo para olhar o operacional. Então a minha solução vencedora é propor consultorias e mentorias na área de planejamento estratégico. Neste livro, vou passar ensinamentos de como ter conhecimento para se fazer um planejamento na trilha do sucesso.

Como também orientador de empresas que vencem, outra observação real que faço é responder por que as empresas não prosperam, e a conclusão fatal a que chego é que existe falta de gestão, quero dizer gestão estratégica, gestão operacional, gestão financeira, gestão comercial, gestão de *marketing* e gestão de recursos humanos. Tenho muitos clientes que, por não terem boas equipes e bons aconselhamentos profissionais, se perdem na área de gestão, e sem gestão não há solução.

A falta de inovação com transformação digital também é um problema crítico, sobre esse tema, vou descrever como fazer coisas novas, no decorrer do conteúdo do livro.

Posso citar também que um dos principais problemas dos empreendimentos está na gestão comercial, que também vou esclarecer neste livro. Esclarecendo que o restante de uma empresa pode funcionar bem e é administrável, mas a área comercial tem que funcionar além do razoável. Por quê? Uma empresa vive de receitas com lucro, as receitas são oriundas das compras efetuadas pelos clientes, se os clientes não compram, não existe receita, e se não existe receita, não tem jeito de a empresa ter lucratividade ou pelo menos faturamento, o que vai impactar nas compras de insumos imprescindíveis para produzir produtos e serviços, além dos compromissos financeiros a serem cumpridos, que ficam comprometidos, e aí a empresa entra nesse *loop* e certamente não vai para frente.

Todas as áreas são importantes, para que a empresa possa funcionar como um todo, norteada pelo planejamento estratégico, porém, de acordo com a minha experiência, a área comercial é crucial, e sua atuação tem que exceder todas as expectativas.

Quero ter a oportunidade de transmitir ensinamentos e abordar com a minha experiência, nos próximos capítulos, o que resumo a seguir, e sua leitura de enriquecimento de conhecimento me dará muita alegria, pois certamente terá uma nova visão empresarial, mais grandiosa, para alcançar o sucesso:

1) Comportamento empreendedor sem dor;
2) Como fazer seu negócio dar certo neste país incerto;
3) Sem gestão não tem solução;
4) Não olhar pelo retrovisor para trás, mas sim para o para-brisa, para frente, e assim conseguir ter sucesso.

Este livro é o produto ideal para quem quer inicialmente montar um negócio ou para quem já tem um em funcionamento e quer realizar uma verdadeira transformação, para ver cada vez mais o seu empreendimento ter mais lucro.

Empresas que erram são também empresas que aprendem, portanto é hora de aprender.

Boa leitura!

SUMÁRIO

1 O MERCADO DE TRABALHO É DE QUEM TRABALHA SOB AS LEIS TRABALHISTAS | P. 15

2 O EMPREENDEDORISMO COMEÇA PELO EMPREENDEDOR | P. 31

3 O EMPREENDEDOR DEVE SER UMA PESSOA MOTIVADA | P. 49

4 ESTRATÉGIA É FUNDAMENTAL PARA EMPREENDER | P. 65

5 STARTUPS COMO SOLUÇÃO DE EMPREENDEDORISMO DIGITAL | P. 79

6 PLANEJAMENTO PARA O EMPREENDEDORISMO DIGITAL QUADRO CANVAS | P. 95

7 PLANEJAMENTO PARA O EMPREENDEDORISMO PLANO DE NEGÓCIO | P. 119

8 DEFININDO OBJETIVOS, METAS E PLANOS DE AÇÃO PARA IMPLANTAÇÃO DE UM NEGÓCIO DE SUCESSO | P. 141

9 HOJE EMPREGADO, AMANHÃ EMPREENDEDOR | P. 155

1

O MERCADO DE TRABALHO É DE QUEM TRABALHA SOB AS LEIS TRABALHISTAS

Mercado de trabalho é uma expressão utilizada para se referir às diversas formas de trabalho que possam existir, sendo remuneradas oficialmente pelas empresas, e está sob as leis trabalhistas (Consolidação das Leis do Trabalho - CLT).

Nos empregos remunerados, as pessoas vendem sua força de trabalho por um salário, que pode ser em dinheiro, moradia, bonificação ou outra forma de recompensa pelo trabalho exercido.

O mercado de trabalho é dividido em três setores da economia:

- **Setor Primário:** onde estão as relações de trabalho que lidam diretamente com a matéria-prima, como a agricultura, a pecuária, a extração mineral e vegetal;
- **Setor Secundário:** onde estão as relações de trabalho que lidam com a modificação da matéria-prima, construindo objetos utilizáveis e tangíveis – produto, como as indústrias e a construção civil;
- **Setor Terciário:** onde estão as relações de trabalho interpessoais, ou seja, há correspondência entre as pessoas pela prestação de serviços, como as áreas de vendas, bancos, hospitais, escolas, padarias, confeitarias; a forma de trabalho lida com pessoas (serviços) e não com os objetos tangíveis, como principal foco de trabalho. É nesse setor que se encontra a força de trabalho intelectual.

Mesmo com a divisão de trabalho nesses três setores, há total inter-relação entre eles, ou seja, a matéria-prima extraída no setor primário é modificada e se transforma em um objeto no setor secundário e, posteriormente, é comercializada no setor terciário. Convencionalmente, compramos produtos e consumimos serviços.

HOJE EMPREGADO, AMANHÃ EMPREENDEDOR

Os trabalhadores são classificados como População Economicamente Ativa - PEA, distribuem-se por esses setores trabalhistas e classificam a economia de um país a partir do setor que possui o maior número de trabalhadores. Por exemplo, os países mais desenvolvidos economicamente têm uma tendência a possuir a maior parte de sua população economicamente ativa no setor terciário; os países com baixo desenvolvimento econômico (subdesenvolvidos) possuem a maior parte de sua população economicamente ativa no setor primário; os países em desenvolvimento econômico (países emergentes) possuem a maior parcela de sua população economicamente ativa no setor secundário. Portanto há uma transição dos setores em relação à economia do país, e isso está relacionado com o seu desenvolvimento.

No mercado de trabalho, existem duas classificações de emprego: o emprego formal, em que há registro na carteira de trabalho, contribuições à previdência social, legalidades trabalhistas (Consolidação das Leis Trabalhistas – CLT) e o emprego informal, em que não há registro. Assim sendo, não há pagamento da contribuição previdenciária e o trabalhador não tem vínculo com nada, ficando desprotegido de qualquer ação governamental. Essa forma de trabalho tem crescido muito nos últimos tempos. Esse crescimento tem prejudicado a previdência pública, pois não há entrada das contribuições para que haja o pagamento das aposentadorias, criando um déficit econômico nas contas do governo. Um dos principais fatores do aumento significativo do emprego informal são as crises econômicas e sanitárias, que implicam na falta de oferta de empregos formais oferecidos pelas empresas, e assim o trabalhador vira um autônomo, sem qualquer vínculo empregatício, oferecendo seus produtos e serviços à população.

EMPREGO FORMAL

Foto: Ana Volpe/Agência Senado.

EMPREGO INFORMAL

Foto: Ömer Ünlü / VisualHunt.

A CLT está sendo modernizada para flexibilizar os direitos e deveres dos empregados e melhorar as relações de trabalho empregador/empregado, tendo como consequência a diminuição dos encargos trabalhistas com redução dos custos das empresas.

O desemprego é outra característica do mercado de trabalho, já que a quantidade de vagas oferecidas é menor que o número de pessoas para exercem as tarefas de um emprego. O mesmo pode ocorrer de outras formas, como o desemprego conjuntural e o desemprego estrutural. O desemprego conjuntural é o associado às crises econômicas e sanitárias, em que há baixo crescimento econômico, tendo quedas na produção, nas vendas, até mesmo devido a problemas naturais como secas e geadas, interferindo na produção do setor primário, causando demissões de pessoas que trabalham nesses ramos. Outra forma de desemprego é o estrutural, ou também chamado de tecnológico, que ocorre em consequência da substituição da mão de obra por automação com a entrada de robôs, computadores, fatores causadores da dispensa dos trabalhadores, que são substituídos por tecnologia, por não necessitar de remuneração econômica por sua produção.

Foto: energepic.com/Pexels.

O mercado de trabalho passou por evoluções, principalmente no que diz respeito à entrada das tecnologias, extinguindo algumas profissões, causando o desemprego estrutural. Por outro lado, há criação de novas profissões dependentes dessas tecnologias, por terem relações diretas com os meios tecnológicos. Por exemplo, a profissão de Tecnologia da Informação (TI), que tem crescido muito nos últimos tempos. Algumas profissões de caráter repetitivo tendem a desaparecer, como por exemplo o atendente de *telemarketing* – que será substituído por modernas centrais telefônicas, com navegação automática, onde as ligações serão atendidas por robôs atendentes –, caixas de banco e carteiros, que começam a ser substituídos pelo autosserviço. Outras surgirão com a indústria 4.0, como o técnico de manutenção e instalação em automação e o analista de *big data*.

A ampliação do uso de máquinas, principalmente nas indústrias, gera diminuição da população que trabalha no setor secundário, porém há aumento do setor terciário, ou seja, a necessidade de colaboradores para a prestação de serviços aumenta e fica mais valorizada. A ampliação da tecnologia e a automação nas indústrias no setor secundário aumentam a necessidade de maior especialização, maior qualificação com maior absorção de conhecimento e informação.

Imagem: Willyam Bradberry / Shutterstock.com.

Exceto em situações causadas por crises econômicas e sanitárias, as pessoas normalmente são admitidas por competência e demitidas por comportamento ou incompetência.

Os brasileiros com ensino superior e os mais bem-informados costumam se empregar em regime formal. Portanto, em caso de demissão, recebem indenização – como multa do FGTS e seguro-desemprego – e conseguem ter alguma folga no orçamento para buscar em curto ou médio prazo uma recolocação, ou partir para soluções alternativas, tais como: continuar sua trajetória acadêmica, fazendo mestrado, doutorado, pós-doutorado, tentar concurso público, se recém-formado, tentar se colocar como *trainee*, tentar a carreira-solo, sendo empreendedor, ou tentar voltar para o mercado de trabalho.

A volta da criação de emprego com carteira assinada no futuro, com o aquecimento da economia, não compensará tudo o que foi perdido de postos de trabalho nesses anos de crise econômica/sanitária, em função da mudança das necessidades atuais do mercado e dos perfis dos colaboradores, cujas novas aptidões, direções e especializações com novas dinâmicas darão outro norte ao mercado.

Hoje, no mundo corporativo, na prática, existem dois tipos de mercado: mercado formado por fornecedores e prestadores de serviço, pela concorrência e pelos clientes; mercado de trabalho.

RECURSOS

As empresas, para operarem, precisam de recursos. Entende-se por recursos tudo o que é preciso para fazer o negócio funcionar. As empresas são compostas por quatro tipos de recursos: físicos ou materiais, financeiros, intelectuais e humanos.

CRISE

O Brasil passa e já passou por vários tipos de CRISE, principalmente no mercado consumidor, uma vez que os clientes diminuíram o consumo em função da redução do poder aquisitivo no mercado de trabalho, gerando o desemprego por falta de clientes.

- CRISES evidentes por falta de recursos,
- CRISE da Saúde,
- CRISE da Educação,
- CRISE dos Transportes,
- CRISE da Pandemia e....
- CRISE de EMPREGO.

EMPREGABILIDADE

A empregabilidade é um tema dinâmico e a lista de requisitos para ser desejado pelo mercado cresce continuamente. As chamadas competências essenciais vão se tornando mais amplas e mais complexas à medida que o presente passa e o futuro se aproxima. O capital intelectual, aliado ao capital emocional, o capital técnico e a ética são vantagens competitivas e ajudam os colaboradores a se manter no mercado de trabalho, porém não garantem a sua permanência, uma vez que as empresas, hoje, por diversas razões, estão reduzindo de forma contínua suas posições de trabalho.

O conceito de empregabilidade é simples, resume-se às respostas também simples às seguintes perguntas:

a) Quanto a sua bagagem profissional é interessante para o mercado?

b) Que "diferenciais competitivos" você possui quando comparado a outros profissionais com mesma formação e trajetória parecidas com a sua?

c) Quais as razões que justificam o desejo de uma empresa em ter você como parte do capital estratégico intelectual da organização?

Vamos focar na CRISE de EMPREGO, com a dificuldade de empregabilidade, e fazer referência como a crise de emprego afeta o mercado de trabalho.

1. O MERCADO DE TRABALHO COM A CRISE NO EMPREGO HOJE

As empresas estão horizontalizando suas estruturas verticais, diminuindo seus níveis hierárquicos, cujos organogramas – representação gráfica do funcionamento de uma empresa – seguem a teoria de fazer MAIS com MENOS, o que quer dizer que onde trabalhavam X colaboradores para fazer uma tarefa, hoje essa mesma tarefa está sendo feita com X dividido por dois colaboradores, X dividido por três colaboradores, X dividido por quatro colaboradores, ou seja, a mesma tarefa tem que ser efetuada com menos colaboradores, mas com a mesma qualidade. Com a crise financeira, visando lucros, as empresas têm que ser mais produtivas e reduzir custos, mesmo com número menor de colaboradores efetuando aquela mesma tarefa, tendo como consequência menos postos de trabalho.

PRODUTIVIDADE

"Produtividade não é tudo, mas no longo prazo é quase tudo. A capacidade de um país elevar o padrão de vida de sua população depende quase exclusivamente de sua capacidade de elevar o nível de produção por trabalhador."

Paul Krugman, Prêmio Nobel de Economia

A produtividade no mundo corporativo é uma melhoria da execução de uma determinada tarefa com menos tempo e menos recursos. É o resultado daquilo que é produtivo, ou seja, do que se produz, do que é rentável. É a relação entre os meios, recursos utilizados e a produção final. É o resultado da capacidade de produzir, de gerar um produto, fruto do trabalho, associado à técnica e ao capital empregado.

RACIONALIZAÇÃO DE PROCESSOS

As empresas fazem de tudo para reduzir despesas, sem perder a competitividade do mercado, e uma das formas é estudar processos e racionalizá-los, tornando-os mais simplificados, eficazes e eficientes, para que cheguem aos resultados com menos custos.

TERCEIRIZAÇÃO DE MÃO DE OBRA

Algumas empresas utilizam a terceirização de mão de obra para reduzir despesas e focar na atividade fim do seu negócio.

Terceirizar é deixar que profissionais melhores que você realizem as atividades que faria tão bem.

Algumas empresas realizam o *outsourcing*, que é uma modalidade de terceirização, em que empresas com essa especialidade alocam recursos internamente nas organizações contratantes. Esses profissionais ficam residentes, trabalhando *full time* nessas organizações contratantes.

A inovação está presente na produtividade, empregabilidade e racionalização de processos. A inovação de forma simplificada de se definir é fazer MAIS, MELHOR com MENOS e de forma NOVA e DIFERENTE.

2. SOLUÇÕES GERAIS PARA A CRISE DE EMPREGO

Podemos listar como soluções gerais para a crise de emprego:

a) Estágio

• **Pontos favoráveis:** é o primeiro ingresso no mercado de trabalho, onde o estudante deve ter em mente fazer o melhor possível, para a possibilidade de, no futuro, candidatar-se a uma vaga na própria empresa que estagia.

Outro ponto favorável é o primeiro contato com o mercado de trabalho, uma vez que o estagiário começa a ter conhecimento de como funcionam os processos internos das corporações.

Ponto desfavorável: o estágio, por lei, tem duração definida; caso a formatura não esteja próxima e o contrato de estágio não seja renovado, o estagiário terá que procurar outro estágio, em outra empresa.

b) Enviar currículo

• **Ponto favorável:** candidatar-se a vagas no mercado de trabalho.
• **Ponto desfavorável:** segundo fontes de pesquisa, para você ser chamado para uma entrevista, tem que enviar uma média de 100 currículos.

c) Prestar concurso público

• **Ponto favorável:** caso seja aprovado, o emprego será uma coisa certa e mais ou menos estável.
• **Pontos desfavoráveis:** investimento em média de três anos ou mais para ser aprovado no concurso. Quando for aprovado, poderá não ser chamado de imediato. O trabalho público normalmente é mecânico e pouco criativo.

d) Fazer concurso para as Forças Armadas

- **Pontos favoráveis:** caso seja aprovado, o emprego será uma coisa certa e estável, se tiver muita disciplina e aptidão para a carreira militar.
- **Pontos desfavoráveis:** investimento em média de três anos ou mais para ser aprovado no concurso. O candidato, além de outras competências, tem que ter vocação para a carreira militar; nessa profissão. Deve ter como valores principais a disciplina e o respeito à hierarquia.

e) Trainee

Não são todas as empresas que oferecem oportunidades para *trainee*. Normalmente, as que oferecem vaga solicitam que se faça prova de acesso, com concorrência entre muitos candidatos. De acordo com o desempenho do candidato, depois de um tempo estipulado pela empresa, ele poderá ser contratado ou não, caso existam vagas disponíveis para a sua área de conhecimento e local trabalhado durante a fase de *trainee*.

O candidato a *trainee* deve estar formado, com formatura recente.

f) Networking

Utilizar suas redes de contato, se oferecendo para determinados postos de trabalho.

g) Agências de emprego

Cadastrar-se em agências de emprego, as quais trabalham com a relação força de trabalho x mercado de trabalho.

h) Trabalhar informalmente

Trabalho de muito risco, não tem direito à aposentadoria, não pode ser um CNPJ, não pode emitir nota fiscal e não pode abrir uma conta bancária como pessoa jurídica.

Se você ainda é estudante da graduação, procurar estágio é uma boa medida, só que é tão difícil quanto procurar emprego, já que permanece a relação muitos candidatos x poucas vagas.

SOLUÇÃO INOVADORA PARA PROCURAR EMPREGO NA CRISE:

Tire o **S** da palavra **CRISE** e **CRIE!**

A palavra criar está associada à palavra **CRIATIVIDADE.**

E a palavra **CRIATIVIDADE** está associada a **TRABALHO.**

Crie o seu **TRABALHO** com disposição para aprender e com ideias criativas de soluções e benefícios para a sociedade.

Com **TRABALHO**, fará o próprio salário, não mais terá chefes e quebrará paradigmas, isso mudará você de patamar; em vez de procurar emprego, gerará empregos. **TRABALHO** está associado a **EMPREENDEDORISMO**.

Foto: ImageFlow / Shutterstock.com.

Só que dentro da palavra **EMPREENDEDORISMO** temos a palavra **DOR**. Para empreender, existe **DOR**, como em qualquer empreitada. Assim como se o empreendimento fosse conduzido com métodos científicos: o empreendedor certamente iria rir. O significado do **RISO** está conectado à satisfação da prosperidade do seu negócio, termo também contido na palavra **EMPREENDEDORISMO**.

Existe uma quebra de paradigma quando você empreende: não mais procurará emprego; no empreendedorismo, criará trabalho; ao criar trabalho, precisará de pessoas trabalhando com você, por isso gerará empregos. Fazer uma boa gestão de pessoas é fundamental para a prosperidade do negócio.

3. ALTERNATIVAS PARA LIDAR COM A CRISE NAS DIFERENTES GERAÇÕES NO MERCADO DE PANIFICAÇÃO E CONFEITARIA

No emprego e no trabalho dentro de qualquer mercado, lidamos com diferentes gerações, que facilitam ou não as nossas relações interpessoais diárias.

Por esse motivo, o empreendedor precisa ter um olhar muito especial para o capital humano, pessoas recrutadas e selecionadas para terem competitividade e produtividade, somando para os resultados, meta. Essas pessoas, classificadas como clientes internos, trabalharão no seu negócio buscando resultados.

Uma organização, de uma forma geral, vende seus produtos e/ou serviços em troca de um lucro financeiro.

Mas...

QUEM DEVE ACATAR OS VALORES DE UMA ORGANIZAÇÃO?
QUEM DEVE EXECUTAR AS INICIATIVAS ESTRATÉGICAS?
QUEM DEVE ALCANÇAR OS OBJETIVOS ORGANIZACIONAIS?
QUEM DEVE VENDER PRODUTOS E SERVIÇOS?
QUEM DEVE MANTER O AMBIENTE DE TRABALHO AGRADÁVEL E PRODUTIVO?
AS RESPOSTAS PARA AS PERGUNTAS ACIMA SÃO: GENTE! PESSOAS! CAPITAL HUMANO INTELECTUAL!

"Gente" contribui efetivamente para os resultados das organizações. Por isso, é dito que a maior riqueza de qualquer organização são as pessoas.

A cultura organizacional e o clima organizacional são fatores fundamentais para a sustentabilidade de qualquer negócio. Trabalhamos com pessoas e para pessoas, logo, um bom ambiente de trabalho ajudará as empresas a melhor recrutar talentos e a reter seu capital humano.

Conviver com as diversas gerações é um desafio para a manutenção de um bom clima organizacional.

As diferentes gerações, ligadas à gente que faz, são:

BABY BOOMER

- Pessoas nascidas após a Segunda Guerra Mundial.
- Período no qual houve crescimento na taxa de natalidade – por isso, o termo *baby boomer*.
- Pessoas que apreciam a hierarquia e são mais leais à organização e a favor da diplomacia, experientes, vestem a camisa da organização. Os *baby boomers* caracterizam-se por serem pessoas revolucionárias e moldadas com grande disciplina; céticos em relação à autoridade, independentes, transformadores, buscam reorganizar ou reestruturar suas organizações, foco no curto prazo, mentalidade de trabalhar pressionados, liderança por consenso, tendem a priorizar o trabalho, acreditam num mundo competitivo e compenetrado.

GERAÇÃO X

- 1965 a 1977.
- Tecnicamente experiente.
- Considera o trabalho em equipe importante.
- Não gosta de hierarquia.
- Busca equilíbrio na vida/trabalho.
- Lealdade à própria carreira e profissão.
- Aprecia a velha e a nova economia.

GERAÇÃO Y

- 1978 a 1984.
- Tecnicamente experiente.
- Considera o trabalho em equipe muito importante.
- É conhecida pela pressa, pouca paciência e busca rápida pelo reconhecimento.
- Deseja crescimento rápido na carreira, é imediatista.
- Não abre mão de gerenciar simultaneamente sua vida pessoal e profissional.

GERAÇÃO Z

- Nascida em meados dos anos 1990.
- É ligada a novas tecnologias.
- Não é muito sociável.
- É individualista e tem dificuldade de trabalhar em grupo.
- Possui pouca paciência.
- Sente-se à vontade quando liga ao mesmo tempo a televisão, o rádio, o telefone, música e internet.

GERAÇÃO MILÊNIO

- Está na história do Hotmail, Gmail, Google, Facebook, MSN, Wikipédia, *smartphone* e PS3.
- Já nasceu com a TV a cabo, YouTube, *e-commerce*.
- É internauta.
- É usuária do Internet Banking.
- Usa bitcoin.
- Utiliza assistente digital (Amazon Alexa).
- Normalmente formada em tecnologia na prática.
- Trabalha em cargo administrativo.
- Tem notebook.
- Não tem carro.
- Compra pelo *e-commerce*.
- Sempre ligada e conectada, comunicando alguma coisa, interagindo e colaborando.
- Seu propósito é participar e fazer a diferença.
- Quer e tem desejo de empreender.
- Quer conduzir a sua vida, curtir, se divertir, sem horários e sem lugares.
- Não gosta de hierarquia.
- Está sempre em rede.
- Rápida nas mudanças.
- Quer *apps* e *mobile* para tudo.

- Não vê tevê aberta.
- Tem conflitos com as outras gerações.
- Nasceu na época da transformação digital.

BB – Baby Boomers

Geração X
Geração Y
Geração Z

- Adaptação é a grande chave de comportamento.
- A onda agora são os infoprodutos.

As gerações Y, Z e Milênio são os futuros líderes do amanhã próximo.

Os líderes do futuro das gerações Y, Z e Milênio têm as características empreendedoras, uma vez que o empreendedor é flexível, íntegro e criativo, principais competências para gerenciar gente e liderar.

Imagem: Modvector / Shutterstock.com.

2

O EMPREENDEDORISMO COMEÇA PELO EMPREENDEDOR

2

EMPREGO VERSUS TRABALHO

Olhando hoje que temos uma ordem de grandeza de 14 milhões de pessoas desempregadas, afirmamos que as empresas estão tendo o comportamento demissionário crescente e, com a nova postura independente das gerações X, Y, Z e Milênio, podemos concluir que o emprego de maneira convencional está prestes a mudar totalmente o seu formato.

Surgirão, em grande escala, maneiras criativas dos jovens sobreviverem ao desemprego e terem as próprias receitas financeiras pessoais oriundas da sua nova jornada.

O TRABALHO nos remete ao EMPREENDEDORISMO e ao EMPREENDEDOR.

O comportamento EMPREENDEDOR tem como tradução criar o próprio trabalho, construir a sua empresa com sustentabilidade no mercado e ter independência nos seus propósitos. Quem empreende é o protagonista do seu próprio negócio e responsável único pelo destino da sua vida profissional.

O alto número de desemprego também tem como causa a desmotivação e a falta de satisfação e engajamento de empregados jovens das gerações X, Y, Z e Milênio, que estão no mercado de trabalho convencional.

Engajamento atual dos empregados com o emprego na vida das empresas:

29% dos empregados estão engajados;

52% dos empregados não estão engajados;

19% dos empregados estão totalmente desligados e não comprometidos com as suas atividades profissionais – trabalham por obrigação.

Fonte: GALLUP's Employee Engagement.

O engajamento do empregado acontece primeiramente quando ele se identifica com a empresa. Na hora do recrutamento e da seleção, a empresa deve deixar claro para o candidato ao emprego a missão, a visão e os valores da empresa com a qual deve compartilhar e estar convergente com as mesmas aspirações.

QUAL A DIFERENÇA ENTRE EMPREGADO SATISFEITO E EMPREGADO ENGAJADO?

Estar satisfeito é mais um estado de espírito do que qualquer coisa. Se um funcionário está satisfeito, não significa, necessariamente, que ele esteja engajado.

Pode ser que o empregado chegue cedo ao trabalho, saia tarde, pareça estar completamente feliz e realizado com o que está fazendo e, no final das contas, não tenha contribuído tanto assim para a empresa em que trabalha. Na realidade, esse tipo de situação acontece com muita frequência.

A satisfação, a alegria e o bom humor são essenciais para um ótimo clima organizacional e para o coleguismo no ambiente empresarial. Tanto o clima como o companheirismo podem ser conquistados por muitas maneiras: respeito, reconhecimento, condições de trabalho interessantes, um bom salário, uma rotina de atividades legais e ética, entre outras. Só que é preciso ficar atento para que seus empregados não estejam apenas satisfeitos, pois esse é um elemento que contribui muito, mas não retém as pessoas por completo nem faz com que lutem pelos mesmos objetivos e resultados que a empresa.

O empregado engajado se identifica tanto com a empresa que assume o compromisso de lutar pelos objetivos dela e é motivado por isso. É como se esses objetivos e essas visões da empresa se tornassem as suas próprias aspirações. É como se ele trabalhasse como se também fosse dono, buscando resultados.

Estar engajado envolve mais do que satisfação. Obviamente, a satisfação é um pré-requisito para a motivação, mas é necessário mais do que isso. Esse tipo de empregado é aquele que tem vontade e garra para trabalhar, não só porque acha o ambiente da empresa agradável, mas também porque sente vontade de ser produtivo e de trazer sucesso organizacional que se traduz em lucro para a empresa. As demissões constantes e frequentes fazem com que os empregados não estejam satisfeitos nem engajados, o que os leva a procurar alternativas laborais.

QUAL A DIFERENÇA ENTRE TRABALHO E EMPREGO?

Foto: Dmytro Zinkevych / Shutterstock.com.

É comum que os dois termos sejam utilizados da mesma maneira e, muitas vezes, como "sinônimos". No entanto, a realidade é que cada um tem o seu significado, e ele é fundamental, inclusive, para que seja decidido qual dos estilos combina com o espírito empreendedor.

Explico aqui, detalhadamente, qual é a diferença entre trabalho e emprego, palavras que, embora sejam muito confundidas, trazem sentidos quase que completamente distintos. Entenda a diferença entre trabalho e emprego, e descubra se sua rotina se enquadra em algum deles.

Para muitas pessoas, é realmente difícil diferenciar trabalho de emprego. Isso acontece porque as duas palavras são empregadas com o mesmo sentido: aquela função que você desempenha todos os dias por conta do cargo que ocupou.

No entanto, engana-se quem acredita que ambas tenham esse significado. Enquanto uma fala de trabalho exclusivo por renda, a outra designa aquilo que é feito por aptidão, prazer e vontade de transformar sonhos em realidade.

EMPREGO

O emprego é o ofício que lhe dá um dinheiro mensal, e ele é desenvolvido exclusivamente com essa intenção. Pode ser que você não goste do que faz, mas se sente na obrigação de cumprir um horário por conta do valor que cai todos os meses em sua conta, por meio de um salário. Toda atividade que não agrada você e é desempenhada exclusivamente para render sobrevivência financeira se enquadra na palavra emprego.

Infelizmente, a maioria das pessoas passa por uma experiência dessa. Seja no primeiro emprego, quando existe a necessidade de se inserir a qualquer custo no mercado, pela primeira vez ou mais tarde, na busca por realizações pessoais que demandam dinheiro, todo mundo normalmente em sua fase inicial profissional se submete a um emprego.

TRABALHO

O trabalho, em contrapartida, é algo construído a partir de um ideal, da solução de um problema, um crescimento, uma contribuição para a sociedade. O trabalho tem valor financeiro e deve ser remunerado de acordo com os resultados da força de trabalho.

Por exemplo, quem faz TRABALHO voluntário, faz isso por amor, por acreditar que pode contribuir, pela necessidade de criar um legado, deixar uma marca e fazer a diferença.

Você obviamente ganhará dinheiro com o seu trabalho, contudo o rendimento financeiro nunca será o principal combustível para movê-lo, mas sim a vontade de fazer, ver algo acontecer e ter a paixão pelo que faz.

A consequência do trabalho com dedicação é a remuneração.

O trabalho precisa ter um significado e não ser apenas um cargo que você ocupa em troca de dinheiro e que nada tem a ver com os seus sonhos, desejos e pretensões.

O futuro do trabalho será reinventar o emprego.

O empreendedorismo leva as pessoas a procurar trabalho e não emprego.

EMPREENDEDORISMO PELA OPORTUNIDADE, PELA NECESSIDADE E PELO DESESPERO

Não existe empreendedorismo sem empreendedor.

Não existe empreendedor sem empreendimento.

Não existe empreendedorismo sem negócio e, principalmente, não existe negócio sem clientes.

Quando empreender?

Existe o empreendedorismo pela oportunidade, o empreendedorismo pela necessidade e o empreendedorismo pelo desespero.

O empreendedorismo pela oportunidade é ter ou enxergar uma oportunidade real de negócio, que podemos traduzir como sendo um problema a ser resolvido ou um benefício a ser criado para um público-alvo, necessitado daquela solução. O empreendedor não tem pressa em criar e abrir o próprio empreendimento, ele tem tudo para fazer a sua empreitada de forma correta, planejando e validando o seu problema e a sua solução.

O empreendedorismo pela necessidade está conectado àquele empreendedor que perdeu o seu emprego ou ao aposentado que não quer deixar de trabalhar e quer se sentir útil e produtivo. Porém, para obter recursos financeiros mensais, da mesma forma de quando estavam empregados, necessitam abrir a própria empresa.

O empreendedorismo pelo desespero é aquele em que o empreendedor ficou descapitalizado e precisa urgentemente prover recursos para pagar as suas contas pessoais de forma imediata. Não é aconselhável essa situação, sob nenhuma ótica, uma vez que sem planejamento a nova empresa tende a não dar certo. É recomendável, nessa situação, que o empreendedor tente voltar ao mercado de trabalho e seja um intraempreendedor ou consiga um sócio capitalista para dar continuidade a sua ideia empreendedora.

A abertura de uma FRANQUIA pode ser encarada pelos dois tipos de empreendedorismo: pela necessidade e pela oportunidade.

Alguns conceitos que envolvem o empreendedor, protagonista do empreendedorismo e do seu empreendimento:

ATITUDE EMPREENDEDORA

A atitude empreendedora pode ser entendida como o comportamento de pessoas que buscam soluções a partir de um problema detectado e enxergam oportunidades mesmo em um cenário com riscos e conflitos.

Ou seja, indivíduos que não são somente capazes de empreender, mas colocam o empreendedorismo em prática, não esperam, vão lá e executam.

Ter atitude empreendedora significa perseguir aquilo que acredita ser o melhor para você. Se o empreendedor realmente deseja alcançar o sucesso em sua vida e no seu empreendimento, deve mostrar isso de forma prática e constante. Pelas suas atitudes, as pessoas a sua volta terão como ver suas ações e começarão a valorizá-lo por isso.

• Ser corajoso

Saber vencer o medo.

• Antecipar-se aos problemas

Saber vencer a procrastinação.

• Ter iniciativa

Saber vencer a preguiça e chegar na frente.

• Ser determinado

Saber atingir com muita vontade os seus objetivos.

• Ser persistente

Ser persistente é não ser teimoso, não desistir nunca, porém com inteligência, criando caminhos alternativos quando alguma coisa não dá certo.

• Ser entusiasmado

É ser otimista, saber vencer o pessimismo quando os obstáculos são muitos.

Mesmo que o empreendedor tenha que ser um super-herói com superpoderes, já que o empreendedorismo está em constante crescimento.

A vontade de empreender das pessoas torna essa modalidade de trabalho a maior tendência de empregabilidade de todos os tempos.

COMPORTAMENTO EMPREENDEDOR

Superação de desafios, sem desperdício de oportunidades, impulsionando as ações para que realmente se concretizem. Quando falamos sobre alguém se comportar como empreendedor, vem à mente que o empreendedor necessita buscar aprendizagens que envolvam novas metodologias, modelos de negócio, tecnologia, tendências de mercado e competências técnicas (conhecimentos sobre gestão, administração financeira, *marketing*, recursos humanos, técnicas de negociação, lidar com conflitos, comercial e venda, dentre outras). Também é muito comum, para se ter um comportamento empreendedor, que a capacidade empreendedora de alguém esteja relacionada a aspectos mais palpáveis, como formação técnica, tempo de experiência e capital possuído, entre outros aspectos.

Contudo, nos últimos anos, um aspecto menos palpável e que tem se provado cada vez mais necessário e decisivo para a obtenção de sucesso enquanto empreendedor é o seu comportamento.

DNA EMPREENDEDOR

Alguns fatores são frequentes para quem consegue ter bons resultados no empreendedorismo.

Nem sempre você nasce com o gene empreendedor. Você pode desenvolver e aprender a ser um empreendedor de sucesso, sem ser nato.

Enumeramos a seguir cinco considerações que vão ajudar a repensar e auxiliar como adquirir o DNA Empreendedor.

1) **Experiência profissional:** pessoas acima de 30 anos, com conhecimento e experiência em gerenciamento, têm vantagens, ou com menos de 30 anos, mas com o acompanhamento de uma consultoria, podem também ter essas vantagens.

2) **High Fluid Intelligence:** capacidade de aprender rapidamente um conjunto de regras e procedimentos e aplicá-lo para resolver um novo problema, ou errar rápido para aprender rápido. O ambiente de negócios é totalmente dinâmico e muda muito rápido.

3) **Alta abertura:** estar sempre aberto para novas experiências e conhecimentos. Os melhores empreendedores buscam mudança e não reagem a ela.

4) Amabilidade moderada: saber ser flexível quando necessário nas relações interpessoais. Sempre procurar a assertividade, que é o equilíbrio entre ser "mauzinho" ou ser "bonzinho".

ANATOMIA EMPREENDEDORA

MENTE: criativa e cheia de ideias para inovar, pensando sempre em mudanças e sonhando alto;

OLHOS: em busca de parceiros e atentos às oportunidades, visionário;

BOCA: comunicativa, sempre com palavras vindas do coração e dom de persuasão para falar sobre o seu produto ou serviço para convencimento comercial (vender);

ORELHAS: sempre pronta para escutar, em determinadas situações deve-se ouvir o cliente mais do que falar;

ESTÔMAGO: com fome de sucesso;

CORAÇÃO: paixão pelo negócio e sempre em busca de novas emoções;

PERNAS: sempre dispostas a caminhar para atingir objetivos e metas e para buscar clientes e validação do negócio;

PÉS: correr riscos calculáveis, sempre com os pés no chão. Ir ao encontro do cliente e não esperar que eles venham até nós (os tempos mudaram).

AGIR COMO UM EMPREENDEDOR

Quando se passa para a condição de empreendedor, ele deve descartar e esquecer os tempos de CLT, com o qual tinha salário, patrão, décimo terceiro e férias, dentre outros benefícios. Agora, o indivíduo empreendedor passa a fazer o seu próprio salário, pois vive de resultados do seu negócio. Precisa muito de transpiração e inspiração, e normalmente, principalmente no início da sua jornada empreendedora, é um ser solitário que chamo de "EU-PREENDEDOR" ou "EU-PRESÁRIO", pois em função das poucas economias iniciais, ele tem que fazer literalmente tudo sozinho e empreender solitariamente com seus esforços e dedicação própria.

Vamos, agora, começar a falar sobre os temas de empreendedorismo, empreendedor, empreendimento e negócio próprio, onde a pessoa passa a ser dona do seu negócio.

EMPREENDEDORISMO

Antigamente, a palavra "empreendedorismo" não fazia parte da língua portuguesa oficial e não era encontrada no dicionário. No entanto, há empreendedores nascidos do empreendedorismo por aí desde muito tempo, contribuindo com mudanças importantes para as cidades e cidadãos. Hoje, o termo é cada vez mais utilizado para definir pessoas capazes de identificar problemas e oportunidades e encontrar soluções totalmente inovadoras.

Empreendedorismo é uma nova forma de pensar e agir.

Empreendedorismo é a capacidade que uma pessoa com o DNA empreendedor tem para identificar problemas e oportunidades, desenvolver soluções e investir recursos financeiros, materiais e humanos para a criação de algo que possa ser consumido e comprado pela sociedade, em condições favoráveis de preço e valor. Pode ser um negócio, um projeto ou mesmo um movimento que gere mudanças reais e impacto no cotidiano das pessoas.

Não existe empreendedorismo sem riscos e incertezas, porém é no empreendedorismo que mais se constata o movimento dinâmico da economia de um país e a geração de empregos.

Os tipos mais comuns de empreendedorismo são: corporativo, social, franqueado e normal.

EMPREENDEDOR

É aquele que toma a iniciativa de empreender, de ter um negócio próprio. É aquele que sabe identificar as oportunidades e transformá-las em uma organização lucrativa. O empreendedor é aquele indivíduo que é criativo, inovador, arrojado, estabelece estratégias que vão delinear seu futuro.

Ser empreendedor significa ser um realizador, que produz novas ideias pela congruência entre criatividade e imaginação.

Assim, os empreendedores não são simplesmente provedores e negociadores de produtos e/ou de serviços, são super-heróis que assumem riscos calculados em uma economia totalmente instável.

EMPREENDIMENTO

É a concretização do negócio.

É quando a ideia vira um CNPJ.

É aquela ideia na qual os principais objetivos são implementar projetos que criem o desenvolvimento de empresas, cujas metas principais são crescimento, ganhos e lucros.

NEGÓCIO

O termo negócio provém do latim *negotium*, vocábulo formado por *nec* e *otium* (aquilo que não é lazer). Trata-se da ocupação, da atividade ou do trabalho que o empreendedor realiza com fins lucrativos.

O objetivo de um negócio é o desenvolvimento de clientes, pois são os clientes que compram ou consomem nossos produtos e serviços. É deles que vêm os lucros. O cliente é a base de um negócio e o sucesso de um negócio é o sucesso do cliente.

Uma empresa é formada de pessoas empreendedoras e para pessoas clientes.

Quando a atividade dos negócios se desenvolve de modo formal, e com certo volume, tende-se a criar empresas. Uma empresa é uma unidade econômico-social, composta por elementos humanos, técnicos e materiais, cujo objetivo consiste em obter utilidades pela participação no mercado de bens e de serviços.

Cria-se aí a figura do empresário, que sempre é um empreendedor, mas nem sempre um empreendedor se torna um empresário.

Para se tornar um empresário, o empreendedor tem que abrir uma empresa como pessoa jurídica e ter um CNPJ.

Transformando TRABALHO em NEGÓCIO:

a) **Trabalho:** confecção de pipas.
   Negócio: indústria e comércio de pipas.
b) **Trabalho:** coleta seletiva de lixo.
   Negócio: comércio de produtos reciclados.
c) **Trabalho:** conserto de bicicletas.
   Negócio: serviços de manutenção de bicicletas.

2.1. O "QUERER" EMPREENDER – DESAFIOS EMPREENDEDORES

PARA EMPREENDER BASTA "QUERER"?

A resposta é que só isso não basta, mas o "querer" é o primeiro passo e a motivação para qualquer negócio dar certo, também chamado de "brilho nos olhos", quando enxergamos no empreendedor a vontade incondicional de empreender. O "brilho nos olhos" significa motivação, otimismo, comprometimento, alegria, energia, entusiasmo e vontade de chegar mais longe.

Foto: Freepik.com.

Além do "brilho nos olhos", é necessária a "faca nos dentes", outra característica do empreendedor, que indica o fator valentia, coragem, ousadia e persistência de não desistir nunca, apesar dos obstáculos que surgem normalmente na hora de empreender.

Foto: Slava Dumchev / Shutterstock.com.

Além do "brilho nos olhos" e da "faca nos dentes", o empreendedor também deve ter "paixão" pelo que quer empreender, pois é importante fazer o que gosta, com os pés e as mãos na realidade.

Foto: Brian A Jackson / Shutterstock.com.

Trabalhar por horas com afinco, ficar longe da família, trabalhar nos finais de semana, até mesmo ouvir insultos dos colaboradores e ter cobranças excessivas dos clientes são vistos como comportamentos justificáveis entre empreendedores que se relacionam de forma apaixonada com o negócio – ou que a sociedade considera como "trabalho apaixonado".

Ter paixão pelo que faz é fundamental para conquistar a simpatia dos seus clientes, fornecedores, colaboradores, parceiros e terceiros. Afinal de contas, ninguém gosta de fazer negócios com pessoas "mornas" e mal-humoradas.

Escolher o que gosta de fazer é importante, mas não considerar um olhar de trezentos e sessenta graus para tudo poderá trazer transtornos no futuro, com prejuízos para a vida familiar e profissional.

Os empreendedores devem considerar seus gostos e aptidões, mas é importante não deixar de pesquisar sobre a realidade do mercado e cenários do futuro, verificando também seu fôlego financeiro para ficar sem receber "salário" (pró-labore) por pelo menos dois anos, tempo médio estatisticamente comprovado para que as receitas comecem a superar as despesas.

Antes de empreender, deve-se:

→ Estudar o mercado e verificar se o produto ou serviço que quer oferecer já existe;

→ Verificar a viabilidade técnica, operacional e funcional por meio de pesquisa. Entre uma boa ideia e ela funcionar na prática com lucro existem muitas validações a serem feitas e caminhos a percorrer;

→ Ter foco, manter-se concentrado no que pretende empreender;

→ Conhecer o seu público-alvo, segmentando o mercado, e ter claro o que quer oferecer. Caso contrário, há grande chance de inviabilidade do negócio;

→ Buscar capacitação e aprendizado contínuo e permanente para gerir um negócio;

→ Procurar auxílio de consultores e mentores experientes. Não se deve subestimar o conhecimento e ajuda de quem, anteriormente, na prática, já passou por várias experiências empreendedoras;

→ Investir em contatos. Fazer uma boa rede com prováveis clientes, parceiros estratégicos e fornecedores de serviços que já estão no ramo de quem quer empreender.

2.2. CARACTERÍSTICAS DE UM EMPREENDEDOR

TIPOS DE EMPREENDEDORES

As pessoas não nascem simplesmente com a característica empreendedora, mas se desenvolvem como tal, pela educação continuada, treinamento específico, aprendendo com profissionais experientes e bastante dedicação.

Além do aprendizado contínuo e interesse pelo conhecimento, existem vários tipos de empreendedores, que são:

a) O empreendedor "nato"

É a personalização do empreendedor que, desde cedo (por razões como influências familiares ou características próprias), exibe traços de personalidade comuns aos empreendedores com boa percepção de negócio.

b) Empregado de uma determinada empresa

Quando empregado, está frustrado em suas necessidades de realização pessoal e profissional, não é reconhecido pelos seus bons resultados organizacionais em uma determinada empresa. Assim, em algum momento de sua carreira, decide partir para um negócio próprio.

c) Excelente profissional de uma determinada empresa

Com características de empreendedor corporativo, dispõe de conhecimento aprofundado sobre algum produto ou serviço, sobra experiência sobre como fazer e, sendo possuidor de prática no ramo, decide iniciar um negócio próprio.

d) Vendedor de uma determinada empresa

Usualmente entusiasmado pela dinâmica de suas funções cotidianas. Por exemplo, é um líder de vendas e imbatível no alcance de metas comerciais. Como conhece o mercado e tem muita experiência no ramo, inicia um negócio próprio, apostando esse mesmo desempenho em liderança em vendas no seu negócio.

e) Funcionário empregado de uma determinada empresa que tenta oportunidades para empreender paralelamente às atividades corporativas que exerce

O empregado, como alternativa futura, desenvolve outro ramo de atividade, paralelamente à sua atividade hoje corporativa, tendo experiência ou não, podendo associar-se a alguém ou simplesmente investir capital naquela empresa que ele vê como oportunidade. Para esse caso, deve-se ter cuidado com a ética e interposição de atividades.

f) Empreendedor de startup

A partir de um problema, descobre uma solução com base em inovações tecnológicas.

g) O herdeiro

Pode não possuir as características do empreendedor. Pode vir a ser um problema para a continuidade da empresa e, por influências familiares, torna-se quase obrigado a dar continuidade ao negócio da família.

h) Profissional que perde o seu emprego

Um tipo de empreendedor com características arriscadas. Além do risco do negócio, pode ser que seja inexperiente no ramo de empreendedorismo. Mas, por questões circunstanciais, como a perda do emprego, acaba se tornando empreendedor. Pode ter dois desdobramentos:

1) Pode ser um profissional do mercado com características empreendedoras. Para esse caso, tem bastante chance de sucesso.
2) O empreendedor sem características empreendedoras também pode ter chance de sucesso, dependendo como a oportunidade é encarada, e ele se prepara com aconselhamentos e treinamentos adequados.

Se a sua opção for aguardar outra possibilidade de emprego e tentar empreender temporariamente, as suas chances de o empreendimento dar certo são bastante diminuídas.

i) O empregado aposentado ou que tenha saído de algum Plano de Demissão Voluntária (PDV) empresarial

Com experiência adquirida, inicia o próprio negócio em função de ainda ter muita disposição para trabalhar.

O que facilita o trabalho do empreendedor:

✔ Rede de contatos

Facilita a venda boca a boca e divulgação contemplada no plano de *marketing*.

✔ Estar atento a oportunidades

Se deixarmos passar uma oportunidade, pode ser que nunca mais apareça. Portanto, se o empreendedor quiser sempre inovar, deve prestar atenção às oportunidades que aparecem a sua frente.

✔ Buscar informações – melhoria contínua

Com conhecimento e informação, é mais fácil o empreendedor ter sucesso.

✔ Persuasão sempre

Vendas é um ponto inicial para que o negócio funcione. Bons resultados e lucros são conseguidos por boas vendas e uma persuasão empreendedora comercial ativa.

✔ Exigência pela qualidade

Sem qualidade, nenhum negócio vai adiante.

✔ Planejamento e monitoramento sistemáticos

Planejamento é a base de tudo. Após o planejamento, é necessário o controle, que é traduzido em monitoramento.

✔ Comprometimento

É a identificação e envolvimento do empreendedor com o negócio, deve ser intenso e contínuo.

✔ Persistência

O empreendedor não desiste fácil, nem nunca.

3

O EMPREENDEDOR DEVE SER UMA PESSOA MOTIVADA

CARACTERÍSTICAS DE UM EMPREENDEDOR

As características de um empreendedor são compostas de:

- Motivações do empreendedor;
- Ônus e bônus para empreender;
- O empreendedor vencedor;
- Competências empreendedoras.

MOTIVAÇÕES DO EMPREENDEDOR PARA EMPREENDER

Entre muitas motivações do empreendedor para empreender (objetivas ou subjetivas), encontram-se as seguintes:

- Implantação de ideias próprias a partir da criatividade, pensamento inovador capaz de fazer transformações;
- Independência, necessidade de buscar oportunidades sem se subordinar, agindo com liberdade de atuação;
- Fuga da rotina profissional do dia a dia;
- Desafios;
- Prova de capacidade;
- Autorrealização pessoal e/ou profissional;
- Mais oportunidades de fazer dinheiro próprio;
- Maior ganho a partir do próprio esforço;
- Status;
- Controle da qualidade de vida;
- Automotivação.

ÔNUS E BÔNUS PARA EMPREENDER

"Não há ônus sem bônus". Essa expressão é usada para indicar que sem esforço não há ganhos, isto é, para alcançar os resultados ou objetivos desejados, é preciso muito empenho.

Dentre os muitos ônus e bônus do empreendedor para empreender, podemos listar:

✔ Reserva financeira

O empreendedor deve ter total noção de que necessita de pelo menos dois anos para que o seu negócio decole, tempo médio para o equilíbrio entre as receitas e despesas de qualquer negócio.

✔ Solidão

A total imersão nos negócios, principalmente nos estágios iniciais da empresa, leva os empreendedores a se isolar dos contatos sociais, das atividades recreativas, lazer e até dos contatos profissionais.

✔ Status

Motivações implícitas e explícitas quanto à imagem projetada dos valores sociais.

- **Segurança**

Um negócio é sujeito a oscilações e riscos. O empreendedor pode lidar com a perda da segurança relativa e do seu bem-estar, que são consequências típicas de empreendimentos formais. Isso é outro fator que deve ser muito bem avaliado pelo empreendedor na hora de empreender.

- **Responsabilidade**

O empreendedor tem que estar envolvido com todos os aspectos do negócio e tem a responsabilidade de apresentar resultados dentro dos prazos estabelecidos. Além de tudo isso, também existe grande carga emocional em cada "custo" da operação do negócio.

- **Responsabilidade social**

Como estamos em uma época em que a diversidade, responsabilidade social e sustentabilidade são essenciais para nossa sobrevivência no planeta, o negócio empresarial deve ter a preocupação de zelar, se preocupar e ter a consciência da importância desses fatores com comportamentos voltados e adequados para essas prioridades.

- **Pressão**

O empreendedor tem que tomar decisões delicadas, complexas e rápidas. A variedade de problemas gera uma pressão emocional acentuada. O empreendedor deve ter inteligência emocional para as suas resoluções.

- **Atritos e conflitos**

Se houver sócios ou familiares na empresa, cada um tem valores, procedimentos e padrões próprios do que seja trabalho produtivo, sobre prioridades e ética. É preciso que haja uma clara definição do papel de cada um dos empreendedores líderes desde o início, de forma a evitar tensões emocionais. Atritos e conflitos não podem se tornar insolúveis.

- **Custo da oportunidade**

O custo da oportunidade é quanto o empreendedor deixa de ganhar em uma empresa para exercer uma opção pessoal como empreendedor, caso ele fosse um funcionário normal trabalhador pelo regime de CLT. O empreendedor que pretende investir em um novo negócio deve compreender que, ao deixar o emprego, deixa de receber uma quantia periódica em forma de salário, além de deixar de ganhar alguns benefícios constantes das leis trabalhistas.

- **Custos emocionais x realização como empreendedor**

O empreendedor tende a ver o empreendimento como uma obra sua ou como uma realização de um sonho. Além do ônus econômico, existem como custos emocionais o estresse e a algumas privações com sacrifícios pessoais de tempo; por exemplo, deixar de dar atenção à família e a amigos.

- **Preocupação com a saúde física – qualidade de vida**

Sem saúde, não tem como o empreendedor cumprir com a sua jornada de trabalho e as suas horas trabalhadas no dia a dia. Portanto deve fazer substitutos e zelar pela sua qualidade de vida.

EMPREENDEDOR VENCEDOR

Foto: Rus S / Shutterstock.com.

Podemos afirmar que um empreendedor é bem-sucedido e vencedor quando:

✓ **Tem as características próprias da personalidade empreendedora**

DNA empreendedor, ou desenvolver essa personalidade por meio de aprendizagem contínua (treinamento constante).

✓ **Possui uma correta noção da modelagem do negócio**

Modelagem de negócio é o processo de definir o seu modelo de negócios, usando ferramentas para pensar nas diversas áreas de sua empresa. O modelo de negócio correto descreve como a empresa criará, entregará e capturará valor. Ou seja, demonstra de que forma a empresa desenvolverá seus produtos e serviços de modo que seus clientes vejam muitos benefícios e valores neles, a ponto de que estejam dispostos a utilizá-los ou comprá-los, pagando um valor justo.

✓ **Faz um bom planejamento**

É enxergar antes. O planejamento consiste em importante tarefa de gestão, que está relacionada à preparação, organização e estruturação de um determinado objetivo para o alcance de metas. O planejamento é uma ferramenta administrativa que possibilita perceber a realidade, avaliar os caminhos, construir um referencial futuro. É o trâmite adequado para reavaliar todo o processo de destino empresarial.

✓ **Exerce a liderança**

Acelera as ideias, guiando os envolvidos, orientando e dando significado às ações. Liderança é a arte de comandar pessoas, atraindo seguidores e influenciando de forma positiva mentalidades, comportamentos e atitudes.

✔ É visionário

Visionário é, ao mesmo tempo, um adjetivo e substantivo masculino. O termo se origina de visão, que vem do latim *visio*, que significa "ato de ver". O significado de visionário descreve alguém que é idealista e que tem ideias incomuns e extravagantes.

Visionário é uma palavra utilizada para se referir a quem tem visões, novas ideias ou descortina novos horizontes, estratégias e novos mercados, acredita em projetos de difíceis concretizações, tendências ou cenários que estão à frente do seu tempo. Enxerga o futuro no presente e sonha.

✔ É um catalisador de mudanças

Na química, o catalisador de mudanças é uma substância introduzida em um processo com o objetivo de aumentar a velocidade de reação. Alcançado o objetivo, o catalisador é retirado, sem que provoque qualquer prejuízo no processo, mantendo em ação todos os ganhos já adquiridos. Dessa forma, o empreendedor catalisador de mudanças é um elemento que pode contribuir significativamente para acelerar as mudanças necessárias na empresa, que está sempre inovando e validando seus processos.

✔ É gente que faz uma boa gestão

Gere seu negócio com muito profissionalismo e dedicação.

✔ É feliz trabalhando no negócio próprio

Sempre está otimista, mesmo com todas as dificuldades.

✔ Está sempre desenvolvendo clientes

Desenvolver clientes é entender que aquela pessoa abordada ou prospectada pode ser um cliente da sua empresa. Por meio de pesquisa, é como descobre que aquela pessoa pode ser seu cliente.

✔ Escuta o aconselhamento de profissionais mais experientes – consultores e mentores

Normalmente, consultores e mentores agregam valor ao negócio com seus aconselhamentos e experiência.

✔ Tem humildade

O empreendedor não deve ter arrogância nem ser arrogante, uma vez que deve estar sempre aberto a aprender coisas novas de acordo com a dinâmica do mercado.

✔ Estuda sempre os concorrentes e faz benchmarking

Estar atento, de olho na concorrência, é verificar o que seu concorrente está fazendo melhor que você e identificar o que pode ser melhorado no seu negócio.

✔ Tem atenção aos detalhes

São nos detalhes que se encontram as oportunidades.

✔ Tem iniciativas estratégicas

Ter iniciativa é ser o primeiro a pôr em prática um plano ou uma ideia. Qualidade de uma pessoa que está disposta a ousar ou a empreender algo como pioneiro.

✔ Deve ter sempre metas e objetivos a serem alcançados

Os objetivos e metas levam o empreendedor a ter desafios e, consequentemente, estar motivado a alcançá-las e superá-las.

✔ Tem bom rapport

Conquistar clientes é fazer com que o empreendimento seja promissor. O significado de *rapport* vem do ramo da Psicologia que trata de um método utilizado para estabelecer um link que empatiza e sintoniza com outro indivíduo. Para melhor entendimento, pode-se conceituar *rapport* como uma técnica que é capaz de estabelecer contato ou uma sincronização entre duas pessoas, por meio de recepção de ideias e desenvolvimento de diálogos. *Rapport* é útil nas áreas de vendas para se estabelecer relacionamentos com clientes, finalizando com a sua fidelização.

✔ Corre riscos calculados

O empreendedor não gosta de riscos, gosta é de desafios. A partir da afirmação concreta de que todo negócio tem riscos, o empreendedor não só precisa fazer constantemente a análise, como também a gestão dos riscos.

✔ É resiliente

A resiliência é a capacidade do indivíduo de lidar com problemas, adaptar-se a mudanças, superar obstáculos ou resistir à pressão de situações adversas. Capacidade de se recuperar de situações de crise e aprender com elas. É ter mente flexível e o pensamento otimista, com objetivos e metas claras e a certeza de que nada é permanente, tudo passará.

COMPETÊNCIAS EMPREENDEDORAS

Imagem: Freepik.com/@felicities.

Qualificações empreendedoras. Competências – saber fazer, qualificações profissionais.

➙ Competências básicas – Habilidades empreendedoras básicas

✓ **Capacidade para perceber oportunidades no mercado**

Todo empreendedor deve saber que uma boa ideia é uma condição necessária, mas não suficiente para se lançar à criação de um novo empreendimento. É importante estar atento às mudanças econômicas, sociais e políticas que vêm ocorrendo no cenário mundial, que desencadeiam tendências que geram oportunidades de negócio. Fique ligado nas tendências, seja um radar para cenários e ocorrências de mercado que possam afetar o seu lucro. Utilize informações para buscar novas necessidades e oportunidades de melhoria do negócio em processos, produtos, serviços, custos, captação etc., objetivando aprimorar o seu negócio e mantê-lo sustentável.

✓ **Iniciativa para aproveitar oportunidades**

Decisão, determinação e atitude são características para empreender.

✓ **Coragem para enfrentar os desafios de empreender um negócio próprio**

É preciso correr riscos calculáveis, pois todo negócio tem algum risco, buscando tomar decisões sob análise de diferentes possibilidades e perspectivas. Fazer a gestão do risco. Assumir responsabilidades e decisões para superar os desafios que surgem em todo negócio.

✔ Disposição para trabalhar e foco nos resultados

É direcionar suas atividades para gerar resultados com maior impacto, positivo para o negócio. Comprometimento define bem essa competência. Otimizar os recursos disponíveis para atingir os resultados esperados.

✔ Persistência para não desistir e ir adiante, sempre

É uma característica de quem que não desiste fácil. Agir com persistência é ser esforçado e focado em seus objetivos, sem deixar-se abalar facilmente por quaisquer problemas ou entraves que possam ocorrer. Mesmo em momentos de pressão, manter desempenho positivo e focado.

✔ Ter o desejo de ser autônomo e patrão de si mesmo

Ter autonomia, tomar suas decisões. Atuar de forma independente, tomando decisões e assumindo os riscos das suas ações.

✔ Gostar de gente – relacionamento interpessoal

Essa é uma competência essencial, pois o empreendedor lida com vários tipos de pessoas, (empregados, clientes, fornecedores, parceiros). Ter habilidade no contato com pessoas é fator determinante para o sucesso no negócio. Ser capaz de entender o pensamento e as atitudes dos outros e agir com princípios éticos, que norteiam os seus negócios.

✔ Gerar satisfação nos clientes

Foco no cliente, direcionando os esforços e gerando impacto positivo neles, atendendo e superando as suas necessidades por meio de soluções ao mesmo tempo em que agrega valor ao negócio. Para gerar satisfação nos clientes, o empreendedor deve encantar, entusiasmar e surpreender com as suas atitudes e comportamentos dos clientes internos.

✔ Planejar e estabelecer metas

Esta é uma competência fundamental, ter foco, objetivos, traçar metas, ações de curto, médio e longo prazo.

✔ Gostar de vender

Ter perfil comercial, ser bom em negociação e articulação. Saber obter resultados satisfatórios nas negociações, habilidade para converter uma venda. Ter tenacidade comercial, saber apresentar um produto ou serviço de forma clara, sendo resiliente e, ao mesmo, tempo perspicaz.

✔ Valorizar a qualidade em tudo o que faz

Realizar as entregas com qualidade, no prazo esperado, atendendo e superando as expectativas dos clientes. Qualidade, em primeiro lugar, reduz tempo, desperdícios e, consequentemente, supera as expectativas dos clientes.

✔ Ter facilidade para fazer alianças estratégicas e parcerias

Não há como empreender sem ter parceiros, outras empresas que contribuem para o sucesso do seu negócio, a exemplo de empresas de tecnologia, distribuidores. Fazer articulação com o objetivo de alcançar os resultados.

✔ Saber lidar bem com o dinheiro

Entender de finanças e contabilidade básica. Fluxo de caixa, estruturação de custos e orçamento são habilidades importantes.

✔ Realizar funções multitarefas

Todo empreendedor tem que ser capaz de assumir vários papéis e conhecer todos os processos de um negócio, *marketing*, finanças, recursos humanos, logística e vendas.

✔ Comunicação

Saber se comunicar verbalmente e por escrito é a base para um bom relacionamento com todos em geral. Ter habilidade para apresentar ideias de forma clara e objetiva, de modo a transmitir o seu desejo, valores e estratégia a outros, sejam colaboradores, fornecedores, clientes ou parceiros, sendo exemplo de coerência entre suas palavras e ações.

✔ Autodesenvolvimento

Buscar sempre se desenvolver, conhecer e se atualizar permanentemente. Trocar ideias com outros empreendedores fazendo intercâmbio. Participar de eventos de discussões sobre o seu mercado.

✔ Trabalho em equipe

É muito importante atuar de maneira colaborativa e integrada para o alcance dos resultados comuns e positivos na sua empresa. Lidar positivamente com pessoas de diferentes gerações, perfis, áreas de atuação, respeitando opiniões e contribuições divergentes.

✔ Gestão de mudanças

Ter condições de se adaptar a novos contextos e situações, de forma a adotar mudanças significativas no seu negócio, que contribuam para uma cultura que possibilite atrair e manter clientes e obter maiores resultados. Focado em conceber novas soluções e transformar novas ideias em resultados competitivos para o seu negócio.

✓ **Liderança transformadora**

Ser capaz de mobilizar e incentivar seus colaboradores para a transformação e melhoria organizacional, transmitindo, com palavras e pelo exemplo, valores e objetivos do negócio. Estimular os colaboradores a buscar ideias inovadoras.

✓ **Gestão de pessoas**

Ser capaz de integrar os esforços da equipe, a fim de atingir os objetivos estabelecidos, construindo equipes de alta performance e um clima saudável no seu negócio, comunicando-se de forma efetiva com a equipe, alinhando os propósitos, entregas e os comportamentos esperados. Criar um ambiente favorável ao autodesenvolvimento e aprendizado dos colaboradores, de forma que possam compartilhar conhecimentos e práticas, possibilitando assumirem novos desafios.

➔ **Competências gerais – Habilidades empreendedoras gerais**

Imagem: Freepik.com/@rawpixel.com.

As competências gerais referem-se ao domínio geral do todo e não específico. Isso é o que todo empreendedor precisa ter e saber fazer de maneira geral sobre o seu negócio.

✔ Marketing

É importante que o empreendedor conheça os conceitos de *marketing* e ações consequentes de um plano de *marketing*. O plano de *marketing* contribui significativamente para os resultados do seu negócio, é uma excelente ferramenta de gestão. Nele estão definidas as estratégias de comunicação junto ao seu cliente, conhecer melhor os seus clientes, identificar possíveis concorrentes, definir ações voltadas para os diversos tipos de clientes.

✔ Comercial/vendas

Esta é uma competência essencial para qualquer tipo de negócio, seja comercialização de produtos ou serviços. Uma empresa não sobrevive sem essa competência. Com o apoio e conhecimento de ações de *marketing*, o profissional comercial é capaz de trazer grandes negócios para a empresa. É fundamental que o empreendedor conheça de forma geral os comportamentos necessários para fazer o seu comercial e fidelizar seus clientes. O ideal em qualquer negócio é ter no mínimo um profissional com perfil comercial, para alavancar as vendas.

✔ Recursos Humanos

Gerenciar pessoas é competência fundamental do empreendedor. Embora o empreendedor seja um generalista, terá que ter pessoas na sua empresa com perfis específicos que precisará gerenciar. Nesse caso, é necessário, em primeiro lugar, gostar de gente, ajudar as pessoas a alcançar os objetivos esperados, orientar e desenvolver seus colaboradores. Fazer com que todos caminhem na mesma direção. O empreendedor deve ser um verdadeiro líder.

✔ Operações

A operação do negócio depende muito do seu empreendedor, que tem que conhecer detalhadamente operação, processos, sistemas.

✔ Processos

Conhecer todas as etapas dos processos relativos à operação do seu negócio é uma competência que o empreendedor deve dominar, para que possa não apenas fazer a gestão dos processos, mas também estar atento para efetuar mudanças que sejam necessárias.

✔ Planejamento estratégico

Para o sucesso de um negócio, o primeiro passo é planejar. Ter clareza da missão, visão, valores e objetivos do negócio. Conhecer o mercado no qual está inserido o seu negócio, fazer a análise do SWOT (FOFA – Forças, Oportunidade, Fraquezas e Ameaças). Definir objetivos, metas e indicadores de resultados. Saber o caminho que deverá ser seguido. Traçar ações que deverão ser realizadas para o alcance de cada objetivo traçado. Essas sequências de definições são construídas no Planejamento Estratégico.

✔ Finanças

O empreendedor deve conhecer conceitos básicos de Finanças, Contabilidade e Tributos. Saber fazer e analisar um fluxo de caixa, receita e despesas, elaborar e controlar o orçamento de despesas são competências fundamentais para gerenciar um negócio.

✔ Legislação

Dentre as competências gerais, o empreendedor tem que conhecer a legislação pertinente ao seu negócio, que pode ser complementada com a contratação de serviços de advocacia, entretanto precisa ter conhecimento do que é possível fazer e o que não é impeditivo para determinado negócio.

✔ Gestão

No mundo dos negócios, muitos empreendedores assumem que sabem exatamente o que é gestão. Mas será que é assim mesmo? Às vezes, o empreendedor confunde a definição: uma atividade administrativa que visa atingir os objetivos do empreendimento de maneira eficaz, valorizando o conhecimento e as habilidades dos colaboradores que trabalham no negócio. Sendo assim, o gestor deve ter a capacidade de manter a sinergia entre o grupo, a estrutura e os recursos existentes. Gestão é planejamento, organização e controle.

→ Competências técnicas – Habilidades empreendedoras técnicas

São relacionadas às áreas de conhecimento de uma determinada atividade ou área de negócio.

✔ Entender tecnicamente o que seu negócio faz, seus processos e atividades relacionadas.

✔ De preferência, ter competência técnica na atividade fim do seu negócio é condição principal. As estatísticas mostram que muitos negócios não se mantêm devido ao fato de o empreendedor não ter conhecimento técnico do próprio negócio.

➤ Competências de liderança – Habilidades empreendedoras de liderança

Mais do que nunca, as empresas necessitam de líderes de alto desempenho para atender às exigentes e crescentes demandas de clientes e colaboradores.

✔ Capacidade de identificar e suprir as competências necessárias para a execução das ações, orientando o desenvolvimento dos colaboradores, identificando oportunidades de melhoria, incentivando e os estimulando a atingir os resultados esperados.

✔ Saber gerenciar a si próprio, tendo conhecimento dos seus pontos fortes e pontos fracos – AUTOCONHECIMENTO

- Saber vencer o medo;
- Saber vencer a procrastinação;
- Saber vencer a preguiça;
- Saber vencer a teimosia;
- Saber vencer a desorganização;
- Saber vencer o pessimismo;
- Motivar e saber lidar com seus clientes internos.

✔ Ser capaz de ter controle sobre suas emoções positivas ou negativas. Saber equilibrar o racional e o emocional para as melhores tomadas de decisões. Ter inteligência emocional.

4

ESTRATÉGIA É FUNDAMENTAL PARA EMPREENDER

4

A IDENTIDADE ESTRATÉGICA DE UM EMPREENDIMENTO

A identidade estratégica organizacional é um resumo da sua missão, visão e valores. É por meio dela que serão direcionados todos os esforços para o alcance dos objetivos e metas, assim como será um parâmetro para o recrutamento e seleção dos talentos da organização. Muitas empresas que conhecemos têm sua identidade bem definida, como, por exemplo Coca-Cola, Gillette, Bombril e Google.

Uma das melhores formas de construir a identidade estratégica de um empreendimento pode ser destacada como: (a) como está o mercado, (b) qual o propósito principal da empresa e (c) quais são as competências essenciais dos talentos que serão admitidos como colaboradores. Essas premissas devem ser adequadas à realidade para que as empresas sejam constituídas e implantadas. Essas premissas devem ser transformadas em processos explícitos, amplamente compreendidos e divulgados por toda a organização.

Por esse motivo, muitas organizações, ao construírem sua identidade estratégica, elaboram o seu planejamento estratégico com todas as suas lideranças, porém a missão, visão e valores devem ter a participação de todos – do porteiro ao presidente – para que se sintam engajados e coparticipantes das ações empresariais com suas direções, cenários e tendências. A missão, visão e valores devem ser sempre comunicados para clientes externos, clientes internos, fornecedores, parceiros e terceiros, como também deve-se fazer ampla publicidade em locais de grande circulação. É importante a ampla divulgação interna dessa identidade estratégica de um empreendimento, para que todos se sintam envolvidos e conheçam o norte, para onde a empresa sempre caminhará, assim como suas responsabilidades em manter a empresa viva e operacional. Também servirá para que o pessoal externo conheça melhor a empresa com a qual está se relacionando e os valores que a empresa acredita e segue.

1. MISSÃO

✔ A MISSÃO é uma declaração sobre o que é a organização.

✔ Serve de critério geral para orientar a tomada de decisões, para definir objetivos, auxiliar na escolha das decisões estratégicas e auxiliar no perfil desejado dos talentos na ocasião do recrutamento e seleção.

✔ A MISSÃO é a razão de ser da empresa em um determinado tempo e cenário. Ela pode e deve mudar em função de contextos.

✔ Para a construção da missão, é importante ter clareza de:

- O que a empresa fará, que serviços e produtos serão oferecidos;
- Como serão executados e oferecidos;
- Por que serão realizados esses serviços ou produtos;
- Para quem e qual o impacto na sociedade.

✔ Exemplos de Missão:

- **Disney:** "DIVERTIR E ALEGRAR AS PESSOAS".
- **Starbucks:** "INSPIRAR E NUTRIR O ESPÍRITO HUMANO — UMA PESSOA, UMA XÍCARA DE CAFÉ E UMA COMUNIDADE DE CADA VEZ".
- **Nike:** "VIVER A ALEGRIA DO AVANÇO E USAR A TECNOLOGIA EM BENEFÍCIO DO PÚBLICO".
- **Google:** "NOSSA MISSÃO É ORGANIZAR AS INFORMAÇÕES DO MUNDO PARA QUE SEJAM UNIVERSALMENTE ACESSÍVEIS E ÚTEIS PARA TODOS".
- **Confeitaria LeoDolci — São Paulo:** "FORNECER PRODUTOS E SERVIÇOS DE ALTÍSSIMA QUALIDADE PARA PROPORCIONAR AOS NOSSOS CLIENTES MOMENTOS ESPECIAIS DE ALEGRIA E BEM-ESTAR".
- **Pastelaria e Confeitaria ROLO:** "PARTILHAR A EXCELÊNCIA DA DOÇARIA NO CONTEXTO DO UNIVERSO ALIMENTAR. SERVIR COM QUALIDADE E EFICÁCIA OS NOSSOS CLIENTES E SENSIBILIZÁ-LOS PARA A IMPORTÂNCIA QUE TÊM NOS NOSSOS OBJETIVOS".

2. VISÃO

✔ É como se pretende que a organização seja vista e reconhecida em um estado futuro.

- ✔ É onde desejamos colocar a organização, dentro de um determinado tempo futuro; porém, ela deve ser construída entendendo a realidade e o contexto no qual a empresa está inserida.
- ✔ É uma projeção das oportunidades futuras do negócio da organização e uma concentração de esforços na sua busca para essa projeção das oportunidades futuras.
- ✔ São ideias fundamentais em torno das quais a organização foi construída.
- ✔ A concepção de como a missão deve ser revista em médio prazo ou longo prazo.
- ✔ Para construção da visão, é importante fazer as seguintes perguntas:

  - Aonde quero chegar no mercado em que atuo?
  - Como quero ser visto pelos meus clientes?
  - Como posso crescer daqui a alguns anos?

- ✔ Exemplos de Visão:

  - **Disney:** "CRIAR UM MUNDO ONDE TODOS POSSAM SE SENTIR CRIANÇAS".
  - **Nike:** "SER UMA REFERÊNCIA EM ARTIGOS ESPORTIVOS MANTENDO ASSIM UM VÍNCULO COM QUALIDADE DE VIDA E DE PESSOAS".
  - **Google:** "TORNAR AS INFORMAÇÕES MUNDIALMENTE ACESSÍVEIS E ÚTEIS".
  - **Confeitaria LeoDolci – São Paulo:** "VIVER E TRABALHAR EM PLENA CONSCIÊNCIA. SONHAR, INSPIRAR E ATUAR COMO AGENTE DE MUDANÇA PARA FAZER AS PESSOAS E O MUNDO MELHORES".
  - **Pastelaria e Confeitaria ROLO:** "GARANTIR UM CRESCIMENTO SUSTENTADO E CONTRIBUIR PARA A ESTABILIDADE DOS NOSSOS COLABORADORES. AUMENTAR A DINÂMICA E A CAPACIDADE DE PRODUÇÃO, MANTENDO OS NÍVEIS DE QUALIDADE E DESEMPENHO JUNTO DOS NOSSOS CLIENTES. CONSOLIDAR A IMAGEM DE CONFIANÇA E SOLIDEZ JUNTO DOS NOSSOS STAKEHOLDERS. LEVAR, ALÉM DAS FRONTEIRAS, OS SABORES DOS NOSSOS PRODUTOS. SER UMA REFERÊNCIA NO MERCADO ALICERÇADA NA NOSSA EXPERIÊNCIA E TER UMA IDENTIDADE PRÓPRIA".

3. VALORES

✓ Representam as convicções dominantes, as crenças básicas (conceitos aceitos como verdadeiros), aquilo em que a maioria das pessoas da organização acredita.

✓ Sinalizam o que se persegue em termos de padrão de comportamento de toda a equipe na busca da excelência.

✓ São características da organização, determinam a forma como se organiza e interage com seus parceiros, empregados, clientes, fornecedores e com o meio ambiente.

✓ Os valores ou princípios das empresas devem descrever os preceitos éticos e de sustentabilidade, diversidade e responsabilidade social que são os norteadores da instituição.

✓ Os valores ou princípios servem para orientar a atuação da gestão, mas também de cada colaborador. Os empregados devem saber quais são os valores importantes para trabalharem com sintonia e de acordo com eles.

✓ Exemplos de Valores:

- **Nike:** "EMPRESA INOVADORA QUE PROPORCIONA MODERNIDADE, ATENDENDO ASSIM À NECESSIDADE DO PÚBLICO".

- **Disney:** "NÃO CETICISMO. CRIATIVIDADE, SONHOS E IMAGINAÇÃO. ATENÇÃO FANÁTICA AOS DETALHES".

- **Outback:** "A REDE DE RESTAURANTE AUSTRALIANA OUTBACK TEM VALORES QUE REFLETEM REALMENTE O JEITO DE A EMPRESA ATENDER OS CLIENTES E SE POSICIONAR NO MERCADO: "HOSPITALIDADE, COMPARTILHAR QUALIDADE, DIVERSÃO, CORAGEM E PONDERAÇÃO – SÃO VALORES TRANSMITIDOS TODOS OS DIAS, A CADA ATENDIMENTO PERSONALIZADO, A CADA SORRISO, A CADA VITÓRIA CONQUISTADA PELA NOSSA EQUIPE".

- **Google:** "CONCENTRE-SE NO USUÁRIO E TUDO MAIS VIRÁ. É MELHOR FAZER ALGO REALMENTE BEM. RÁPIDO É MELHOR QUE DEVAGAR. A DEMOCRACIA FUNCIONA NA WEB. VOCÊ NÃO PRECISA ESTAR EM SUA ESCRIVANINHA PARA PRECISAR DE UMA RESPOSTA. É POSSÍVEL FAZER DINHEIRO SEM FAZER O MAL. SEMPRE HAVERÁ MAIS INFORMAÇÕES. A BUSCA POR INFORMAÇÕES CRUZA TODAS".

MISSÃO	• O que define o meu negócio? • O que me empolga? • Por que sou especial?
VISÃO	• Aonde quero chegar? • Em médio prazo (5 anos)? • Sem confundir com objetivos específicos.
VALORES	• Posturas e atitudes valorizadas. • Conceitos dos quais não abrimos mão.

INOVAÇÃO

- Introdução de novidade ou aperfeiçoamento no ambiente produtivo e social que resulte em novos produtos, serviços ou processos ou que compreenda a agregação de novas funcionalidades ou características a produto, serviço ou processo já existente que possa resultar em melhorias e em efetivo ganho de qualidade ou desempenho.
- Dar vitalidade ao que já existe, introduzindo novidades.
- Marco Legal de Ciência, Tecnologia e Inovação (LEI Nº 13.243).
- Inovação é fazer diferente para conquistar uma vantagem competitiva no mercado.
- Inovação é desfazer o que já existe e realizar mudanças para o que não existe.
- Inovação é ver o óbvio que ninguém vê.

Tipos de Inovação:

Imagem: sdecoret / Shutterstock.com.

✔ Inovação de produto ou serviço

O conceito de inovação de produto pode ser o lançamento de um produto ou serviço novo no mercado ou melhorias no âmbito da empresa ou do mercado.

Exemplo: automóvel de câmbio automático em comparação ao automóvel mecânico com câmbio convencional.

✔ Inovação de processo

O conceito de inovação de processo se refere a mudanças no processo de fabricação do bem ou na prestação de um serviço, em geral trazem maior produtividade e eficácia no produto ou serviço, reduzindo os custos com fabricação, logística, distribuição etc.

Exemplo: automóvel produzido por robôs em comparação ao produzido por operários humanos.

✔ Inovação no modelo de negócio

O ambiente das organizações está cada vez mais complexo e com mudanças a cada dia mais aceleradas e acentuadas, obrigando as empresas a se questionarem continuamente sobre o modo de ser fazer negócio, o modo de conquistar mais clientes e o seu modelo de negócio. Existem diferentes tipos de modelos de negócio dentro do mesmo nicho de mercado, as modificações e evoluções nesses modelos são sempre de forma rápida e constante. Vamos ver, por exemplo, o nicho de supermercados. Há uns 25 anos, os supermercados ofereciam para seus clientes os produtos necessários para a alimentação e limpeza de uma casa, e não serviços. Hoje ampliaram o seu modelo de negócio e oferecem produtos como eletrodomésticos, móveis, roupas, restaurantes e farmácias; entraram no ramo de serviços como jardinagem, serviços para carros, serviços de manutenção de eletrodomésticos, e a oferta desses serviços e produtos só aumenta. As redes de farmácias só vendiam produtos; hoje estão ampliando sua lista de produtos e aumentando os serviços oferecidos aos clientes, inserindo nas suas lojas serviços de estética e o salão de beleza, como a rede Onofre. As empresas que querem vencer nesse ambiente precisam rever continuamente o seu modelo de negócio e redefini-lo sempre que for necessário, de maneira rápida e com inovação.

Exemplo: 99Taxi – mudou a forma de oferecer os serviços de táxi; Airbnb – mudou a forma de aluguéis de espaços imobiliários; Uber – mudou radicalmente os serviços de táxi, saindo da forma convencional.

✔ Inovação incremental

Reflete pequenas melhorias contínuas. Representa pequenos avanços nos benefícios percebidos pelo cliente e não modifica de forma expressiva o produto ou o modelo de negócio. (*smartphones*, Gillette)

✔ Inovação disruptiva

Aquelas que provocam uma ruptura no antigo modelo de negócios normalmente favorecem o aparecimento de novos produtos/serviços entrantes no mercado. O WhatsApp destruiu o modelo de telefonia convencional, a Netflix destruiu as locadoras de fitas VHS. Nesse caso, em vez de agregar valor, cria valor ao seu modelo de negócio, alterando a forma de produção e propondo uma revolução nos métodos e modelos convencionais do empreendedorismo.

✔ A importância de inovar

- Vantagens competitivas geradas;
- Essencial para a sustentabilidade das organizações;
- Organizações que inovam ficam em posição de vantagem sobre as demais;
- A inovação tem a capacidade de agregar valor a produtos de uma organização, diferenciando-a, ainda que momentaneamente, no ambiente competitivo;
- As organizações que permitem, acessem seus novos mercados, aumentem suas receitas, realizem novas parcerias, adquiram novos conhecimentos e aumentem o valor de suas marcas.

✔ Inovação nas organizações

A maioria das médias e grandes organizações possui áreas inteiras dedicadas à inovação, com laboratórios de pesquisa, desenvolvimento e inovação (áreas de P&D&I), que contam com diversos pesquisadores.

Apesar desse papel central exercido pelas organizações, a interação entre parceiros é fundamental. Sem ela, as inovações são dificultadas.

Dessa forma, a inovação é facilitada nas organizações quando estão inseridas em um ecossistema de inovação de gastronomia.

ECOSSISTEMAS DE INOVAÇÃO

Um ecossistema de inovação é um conjunto de fatores que estimula a interação e cooperação para novas ideias. Parques tecnológicos, incubadoras, empresas juniores e associações são exemplos desses ecossistemas.

Todo mundo tem ideias. Todo mundo é criativo, basta desenvolvermos essas ideias criativas, filtrando-as para torná-las uma inovação.

Como é constituído um local onde existe um ecossistema de inovação?

Os bons locais para o desenvolvimento de ideias com criatividade devem ser:

- ✔ Dinâmicos e flexíveis, permitindo a todo momento que novos participantes dos ramos de gastronomia e tecnologia se tornem partes integrantes desse ecossistema.
- ✔ Um sistema aberto sem respeito pelas fronteiras ou geografias.
- ✔ Sem estruturas hierárquicas, focados no alcance e na qualidade das interações entre os participantes, buscando a inovação, dentro e entre as estruturas do ecossistema.
- ✔ Espaços de cocriação de ideias inovadoras: incubadoras de empresas, *coworking*, *coliving*, espaços LABs e locais onde são praticados *brainstorming*, para troca de ideias e intercâmbio de conhecimentos acerca de determinado assunto pertinente à área de gastronomia.
- ✔ Quem são os atores desses ecossistemas de inovação?
- ✔ Clientes;
- ✔ Consultores;
- ✔ Mentores;
- ✔ Todos os integrantes do futuro negócio (futuros colaboradores);
- ✔ Especialistas do assunto em questão.

SISTEMA DE INOVAÇÃO

Os sistemas de inovação são tipicamente caracterizados por uma economia ativa de conhecimento. Além disso, precisam de uma cultura de inovação baseada na articulação dos principais atores da inovação (governo, universidades e locais LABs) e abertura para oportunidades regionais, nacionais e internacionais.

É necessário modificarmos nossos modelos mentais (*mindset*).

Toda empresa quer e precisa melhorar para que a sua sobrevivência seja mantida. Muitas fazem um planejamento estratégico para colocar em prática essas melhorias.

Mas, na prática, quando visitamos essas empresas para vermos os processos após a adoção desses planos estratégicos, é comum perceber que, na verdade, a evolução, mutação e transformação foram muito pequenas. Os processos essenciais e modelos de negócio não mudaram e praticamente continuam os mesmos. E a organização não consegue avançar no que é essencial. Por que isso acontece?

Embora adote planos e modificações, a empresa não muda algo essencial que é: o seu "modelo mental". Como é traduzido a partir do próprio nome, trata-se da maneira como as pessoas pensam e trabalham dentro da organização. É a "mentalidade" da empresa que não mudou. É como se fosse um "cérebro coletivo" que, obviamente, afeta tudo o que se produz e atrapalha o norte para onde a empresa quer ir.

Sob a ótica da gestão "enxuta", dizemos que, para melhorar uma organização, é preciso mudar a mentalidade tradicional de gestão que ela invariavelmente carrega, ou seja, devemos mudar a cultura organizacional da empresa, a maneira de se trabalhar, modernizando-se as formas de atuação e gestão. Essa mentalidade é baseada em modificarmos radicalmente as formas tradicionais de pensar e de agir. Isso é mudar o modelo mental.

GESTÃO ENXUTA

Para se mudar o modelo mental com inovação, é necessário mudar o pensamento e o comportamento para o sistema de gestão enxuta. A gestão enxuta é a tentativa de fazer tudo "mais com menos".

"LÍDER DITADOR" VERSUS "LÍDER QUESTIONADOR"

Essa mudança é fundamental. Não se consegue criar uma cultura diferente para resolução de problemas numa empresa se os líderes adotarem a típica postura autocrata. O líder de gestão enxuta é diferente. Ele questiona e provoca as pessoas para que busquem as soluções para os seus problemas de trabalho. Fazem isso basicamente com perguntas, dando ideias, dando liberdade de comportamento e apoiando a busca de respostas em vez de dar ordens e broncas nos colaboradores.

"FICAR NOS ESCRITÓRIOS" VERSUS "IR A CAMPO"

Na gestão tradicional, presidente, vice-presidente, diretores e até chefes passam a maior parte do tempo "sentados em suas cadeiras", dando as ordens do ambiente de ar-condicionado, longe do local onde os problemas acontecem e longe das pessoas que sabem quais são os problemas. Na gestão enxuta, esse pensamento é "invertido": é preciso que todos vejam os problemas e a criação de valor com os próprios olhos e "in loco", para enxergar problemas em suas origens e pensar nas soluções.

"PADRÕES FALSOS" VERSUS "PADRÕES REAIS"

Numa mentalidade tradicional de gestão, o chamado trabalho padronizado – que é a forma como se deve ocorrer todas as atividades que acontecem na empresa sempre da mesma forma – é quase sempre repetitivo. Há, sim, muitas vezes, padrões, mas não se sabe ao certo como e por que foram criados e se continuam a ser a forma mais moderna de acordo com a mudança de mercado. E, pior ainda, não se sabe se estão corretos ou se podem ser melhorados. Numa gestão enxuta, o pensamento é outro. É preciso definir cientificamente os padrões de trabalho pelas metodologias próprias e atuais e torná-los simples, visuais e produtivos, para que todos os sigam de verdade. E para que se consiga enxergar, cotidianamente e por todos, formas de como melhorá-los e torná-los cada vez mais competitivos.

"O IMPORTANTE É PRODUZIR ABUNDANTEMENTE" VERSUS "O IMPORTANTE É PRODUZIR CERTO"

Na gestão tradicional e convencional, o que importa é bater a meta, alcançar os resultados, atingir os números, ou seja, produzir custe o que custar sem se importar com o custo x benefício. Na gestão enxuta, há um ingrediente fundamental nisso: é preciso produzir, sim, mas da forma correta, em processos produtivos sem falhas, ou se falhar, consertar rápido. Isso fica muito claro ao se observar, por exemplo, um chão de fábrica de uma empresa com gestão tradicional, em que não é qualquer colaborador que pode parar a linha de produção. O que é diferente de uma "fábrica de gestão enxuta", na qual qualquer um que note falhas num processo produtivo pode e deve parar a produção para analisar o problema e buscar resolvê-lo. E só depois retomar o trabalho, ou seja, a liberdade de trabalho e de ideias é aplicada a qualquer colaborador dentro da hierarquia.

"NÃO RELATAR OS PROBLEMAS" VERSUS "RESOLVER PROBLEMAS"

Sabemos que, em empresas com pensamento tradicional, o que mais se faz é que, quando acontece um problema dependendo da situação, da sua dimensão e da sua proporção, pode não ser divulgado. Afinal, o modelo mental é quase sempre de se punir o responsável sem se apurar efetivamente as causas. Então, o melhor a fazer é a omissão. Na gestão enxuta, ocorre o inverso: "empregado do mês" é quem mostra mais problemas e, claro, mostra as alternativas de resolvê-los. É preciso tornar os processos viáveis e não complexos, e onde os problemas podem ser resolvidos de forma "visível", para que a visualização das falhas se torne natural, imediata e motive todos para sua resolução em equipe.

"SÓ OS MELHORES RESOLVEM" VERSUS "TODOS RESOLVEM"

Na gestão tradicional, vive-se o "monopólio dos melhores". É aquele típico pensamento que diz que só os mais bem ranqueados nas avaliações de desempenho é que podem e sabem resolver os problemas, sempre usando ferramentas que parecem que só eles sabem utilizar. No sistema de gestão enxuta, o pensamento não é bem assim. Nele, todos que atuam num determinado trabalho e em um determinado assunto e contexto é que devem se unir para resolver seus problemas, uma vez que o olhar de todos é melhor do que o olhar único de um especialista. Assim, o espírito de equipe funciona trazendo no geral soluções que são as melhores, mais simples e com a melhor economicidade.

"SER RESISTENTE VERSUS SER RESILIENTE"

Na gestão tradicional, existe a radicalidade de ser inflexível, ou seja, para cada mudança proposta o "não" está sempre presente como forma de proteção para que nada se mude e se deixe tudo como está. Assim, por gestão coercitiva, o chefe assume o verbo de que se tem que mudar e tudo é mudado, sem se ter noção clara dos futuros resultados. No sistema de gestão enxuta, caso não dê certo a "ordem" do chefe, a equipe tem a capacidade não só de propor novas ações em cima do erro, como também de mudar, voltar atrás e aprender com o que deu errado, retornando-se à forma original sem perder as características iniciais do time de se perseguir os bons resultados.

5

STARTUPS COMO SOLUÇÃO DE EMPREENDEDORISMO DIGITAL

5

REFLETINDO SOBRE O MERCADO DA GASTRONOMIA, POR EXEMPLO

O segmento gastronômico está cada vez mais complexo e competitivo e o que distingue os estabelecimentos são os serviços e produtos de boa qualidade, além de um excelente atendimento, garantindo, assim, a satisfação e a fidelização dos clientes.

A gastronomia é um ramo dentro da culinária que abrange todas as técnicas, práticas e conhecimentos que ajudam a construir uma alimentação com qualidade. Estuda não apenas os vários modos de preparação do alimento, mas também como são apresentados, por exemplo, o vestuário e a música ou dança que acompanham as refeições, as bebidas indicadas para cada refeição e os materiais utilizados na confecção dos pratos.

Dessa forma, a gastronomia abrange todos os profissionais que atuam na preparação do alimento, buscando sempre melhorias constantes para a realização de seu objetivo principal, a conservação saudável do ser humano.

Por essa razão, a gastronomia tem um foro mais alargado que a culinária, que se ocupa mais especialmente das técnicas de confecção dos alimentos. Um provador de vinho é um gastrônomo especializado naquelas bebidas e, muitas vezes, é também um gastrônomo no sentido mais amplo do termo.

Um dos principais objetivos da gastronomia é unir, de maneira harmoniosa, diferentes sabores e odores, provocando uma sensação de plena satisfação por todos os sentidos: olfato, paladar, visão e tato. Busca-se um prato que tenha um aroma apetitoso, uma forma harmoniosa e com bom aspecto visual. Ou quando se entra numa padaria ou confeitaria, somos atraídos pelas variedades dos pães, e biscoitos, entre outros produtos, que nos dão água na boca.

Na gastronomia tradicional, parte dos gastrônomos pensa em refeições apelativas e que as pessoas gostem, sem necessariamente focar fatores nutritivos e saudáveis que o prato possa ter.

A partir dos anos 1980, esse segmento viveu uma verdadeira revolução no Brasil. Ficaram no passado os cardápios insossos em criatividade, limitados nos ingredientes pelas restrições e taxas de importação e, no preparo, pela pouca técnica daqueles que heroicamente se tornaram cozinheiros na boca do fogão. Hoje se tem acesso a produtos do mundo inteiro e as cozinhas comerciais atuam com um número cada vez maior de profissionais com formação acadêmica específica, adquirida no exterior e/ou também em escolas e cursos profissionalizantes de gastronomia que continuam a surgir no país.

Os restaurantes também mudaram. E não apenas na comida e no visual. De negócio familiar, administrado empiricamente pelos donos, passou a ser encarado e administrado como empresa e encarado como um bom negócio.

A mudança não ficou restrita aos cardápios e aos restaurantes, e pode ser sentida em várias outras áreas, a começar pelos próprios ingredientes. Os supermercados, que no início dos anos 1980 tinham em média 1.500 itens de alimentação nas prateleiras, têm hoje mais de 8.000 itens, constatando uma mudança no modelo de negócio.

O mercado editorial também é um segmento que demonstra a expansão do segmento. Os livros relacionados à gastronomia vêm liderando os lançamentos e estão entre os mais vendidos. Os canais de comunicação também se ampliaram: diversas revistas especializadas, inúmeros programas de TV, além de jornais e internet. Além disso, ressalta-se a quantidade de eventos, festivais, apresentações, exposições, congressos, feiras de negócios, debates.

Hoje os brasileiros estão mais exigentes, têm o paladar mais apurado, provam sabores que antes eram inacessíveis ou desconhecidos e vêm usufruindo com muito prazer dessa multiplicidade de ofertas e da sofisticação na combinação de ingredientes e na apresentação de pratos oferecidos nos bons restaurantes.

Os consumidores vão além de comprar ou comer, se interessam em saber mais. A informação gastronômica é um dos objetos de desejo desse público. Querem saber da origem dos ingredientes, da história de cada refeição e o que servir como bebida para acompanhar determinado prato. Querem saber detalhes.

A gastronomia vem acompanhando as mudanças ocorridas na economia do país nas últimas décadas e, independentemente do momento econômico, ocupa um lugar de destaque no mundo dos negócios.

A falta de mão de obra qualificada é um dos grandes desafios do ramo, como também a ausência de pesquisas especializadas focadas no setor.

Com as novas tecnologias, muitos restaurantes têm se utilizado dos aplicativos para a melhoria de seus atendimentos como, por exemplo, reduzir o número de desistências por causa da espera, dentre outros. Os indicadores com métricas digitais de qualidade do atendimento, controle de estoque e seleção de fornecedores a partir de qualidade e preço são itens gerenciais fundamentais para uma gestão estratégica por meio de aplicativos para uso em restaurantes.

O exemplo anterior do mercado de gastronomia baseia-se no fato de que o empreendedorismo deve ter um modelo científico, onde a partir do "eu acho", que é uma hipótese, tem que ser transformado em "eu sei", que passará a ser uma tese, consubstanciada por pesquisas com fatos e dados concretos e pesquisados, e assim a tecnologia está aliada a essa transformação, por exemplo, na hora de se fazer as pesquisas.

A estratégia que se faz antevendo o futuro, com cientificidade, pode ter seus alicerces guiados pelo empreendedorismo digital, onde a tecnologia será utilizada como uma ferramenta de auxílio para se alcançar resultados.

COMO REALIZAR O PLANEJAMENTO DO "NEGÓCIO"?

O planejamento é a essência para se alcançar resultados.

Para iniciarmos um negócio, temos que pensar no artista principal de qualquer empreendimento: o cliente, aquele que paga todos os salários de forma indireta, gera receitas e faz o empreendimento crescer.

Para isso, vamos utilizar um termo muito usado em negócios com inovação que é o DESENVOLVIMENTO DE CLIENTES.

DESENVOLVIMENTO de CLIENTES nada mais é que entender quem deva ser nossos verdadeiros clientes. Será que aquela pessoa que estou abordando ou me relacionando pode ser meu futuro cliente? Quais as ações que devo realizar para que aquela pessoa seja meu cliente? O que tenho que oferecer de valor para ela se tornar cliente? Tenho que descobrir o que as pessoas querem e, dentro desse "querer", se tenho para oferecer. Caso não tenha nada para oferecer, estou diante de uma proposta de resolução de problemas que tenho que desenvolver.

Primeiro temos que ter em mente o problema que queremos resolver, para checarmos se realmente é um problema. Essa descoberta do problema se faz observando o mercado e estando atento ao que as pessoas pedem e reclamam em um ambiente do negócio de padaria/confeitaria.

A atenção ao cliente e atenção ao ambiente onde as pessoas frequentam nos darão subsídios para a técnica de resolução de problemas e surgimento de ideias de negócios.

MODELO DE NEGÓCIO

O modelo de negócio deve vir antes da elaboração do plano de negócio. O modelo de negócio descreve a lógica de criação, entrega de valor e cobrança desse valor ao cliente. A conexão entre todas as partes interessadas no negócio e entrega do valor aos *stakeholders* (colaboradores, clientes e acionistas).

Entregar valor a um cliente é oferecer a ele mais do que o simples produto/serviço que temos em nossos empreendimentos na prateleira.

O modelo de negócio é uma ferramenta mais fácil e informal do que o plano de negócio. Permite uma análise, considerando os erros e acertos, até que se consiga chegar a um modelo mais adequado ao cliente e ao cenário/contexto do mercado.

A elaboração de um modelo de negócio contribui para trocas de opiniões, surgimento de um entendimento comum a todos os envolvidos e à inovação.

O modelo de negócio vai nos dar um norte para onde estamos querendo ir.

✔ Diferenciais do modelo de negócio.

• Pensamento visual

Consiste em usar desenhos para representar ideias ou situações. O quadro dos nove blocos utiliza o pensamento visual, permitindo ver o modelo como um desenho e não como uma folha de texto. Ao olhar para o quadro dos nove blocos, é possível compreender sobre que tipo de negócio se trata. O desenho nos permite comparar as relações entre os diversos blocos e descobrir se faz sentido fazer essas coisas, se elas se completam. O modelo de negócio descrito no quadro dos nove blocos nos dá mais clareza sobre a viabilidade ou não de uma ideia.

- ## Visão sistêmica

É a possibilidade de compreender o todo baseado em uma análise das partes e da intenção entre elas. Ao olhar para o quadro dos nove blocos, é fácil ver o todo na relação das partes, ou seja, ver todo o negócio pelos nove blocos relacionados, por meio do lado do referido valor com o lado da eficiência, e considerando os quatro aspectos que qualquer empresa envolve: o que, quem, como e quanto.

- ## Cocriação

Pela possibilidade de ser visual e permitir a visão sistêmica, torna-se mais simples que pessoas não envolvidas diretamente no negócio possam apoiar, ajudar, colaborar na construção e análise do modelo. Viabiliza que pessoas de diferentes hierarquias, conhecimentos e experiências possam influenciar e contribuir para que o negócio se torne mais inovador com diferenciais competitivos.

- ## Simplicidade e aplicabilidade

O modelo de negócio é uma das ferramentas mais utilizadas por empreendedores e empresas para iniciar um negócio ou inovar em empresas já constituídas. Com menos tempo para criar e maior clareza, o quadro dos nove blocos no dá a chance de verificar e corrigir em função da sua flexibilidade de preenchimento, pois coloca em foco tudo que é mais importante e ajuda a descobrir elos que não teríamos percebido em um longo texto descritivo.

✔ Itens para elaboração de um modelo de negócio (quadro dos nove blocos).

- Tenha uma ideia.

Não há necessidade de preencher o quadro dos nove blocos imediatamente.
- Nunca escreva diretamente no quadro dos nove blocos.

Use os adesivos pela facilidade de trocar de lugar e escrever.
- O quadro dos nove blocos deve ser iniciado pelo quadro de clientes de qualquer bloco.
- Não tenha medo de errar.

Se ao ver o todo achar que não está correto, é possível trocar de bloco e buscar a melhor hipótese.

- O modelo é útil para fazer reflexões e mudar de ideia caso não seja o melhor negócio.
- Teste as hipóteses.
- Se alguns pontos ficarem em branco ou com mais de uma opção, não há problema, servirá para refletir posteriormente.
- O modelo é um roteiro para registrar e validar hipóteses.
- Procure completar o lado direito do quadro dos nove blocos.
- Procure preencher o bloco de proposta de valor, segmentos de clientes.

QUADRO DOS 9 BLOCOS OU QUADRO DE MODELO DE NEGÓCIO

O quadro do modelo de negócio é um documento de planejamento.

O quadro do modelo de negócio, também chamado de CANVAS, possui nove blocos, com quatro questões que devem ser respondidas.

1. Vou fazer o quê? Qual a sua proposta de valor? Qual o problema que vou resolver?
2. Para quem vou fazer? Para o segmento de cliente ou canais e relacionamento com clientes?
3. Como vou fazer? São os recursos principais, as atividades e os parceiros principais.
4. Quanto? Diz respeito às receitas e à estrutura de custos para viabilizar o negócio.

O objetivo do quadro dos nove blocos é ajudar na organização das ideias individualizadas e como um todo.

Observar os nove blocos inter-relacionados com os *post its* pode ajudar a mudar quando quisermos e fazermos ajustes o número de vezes que forem necessárias para seguirmos com a convicção de que é o melhor caminho, a melhor ideia, o melhor negócio, que trará lucratividade para o empreendedor.

Confira um quadro do modelo de negócio utilizado pelo Uber no endereço a seguir: https://analistamodelosdenegocios.com.br/modelo-de-negocio-do-uber/
Ou aponte a câmera do seu celular para o QR Code abaixo.

MODELO DE NEGÓCIO CONVENCIONAL

Um negócio tradicional requer muita dedicação, um planejamento financeiro rigoroso, com detalhamento do gerenciamento de estoques, com a contratação de colaboradores que desempenham funções específicas, em que se deve elaborar um plano de *marketing* direcionado para a clientela.

COMÉRCIO ELETRÔNICO E LOJA VIRTUAL

A definição de comércio eletrônico, segundo a Organização para a Cooperação e Desenvolvimento Econômico – OECD, do inglês Organisation for Economic Co-operation and Development (2000), engloba a realização de negócios por meio da internet, incluindo a venda não só de serviços físicos, entregues *off-line*, isto é, por meios tradicionais, mas também de produtos como *softwares*, que podem ser digitalizados e entregues *on-line*, por meio da internet, nos segmentos de mercado consumidor, empresarial e governamental. Loja virtual é o Modelo de Negócio das empresas que realizam vendas pela internet para um segmento de clientes, oferecendo produtos, serviços e informações tanto no mercado *business-to-business* (mercado organizacional) quanto no *business-to-consumer* (mercado ao consumidor).

Loja virtual, segundo a Wikipédia (2020), designa uma página na internet com um *software* de gerenciamento de pedidos (carrinho de compras), na qual empresas oferecem e vendem seus produtos. Os clientes acessam o site, escolhem o produto para aquisição e recebem esses produtos em casa.

E-COMMERCE

É um modelo de negócio (comércio eletrônico) de venda não presencial, em rede via internet.

Nesse modelo, a transformação digital é total, ou seja, o empreendedor deve se preocupar com a pré-venda, venda e pós-venda de forma totalmente digital.

PESQUISA DE MERCADO

Quando iniciamos o processo de um negócio inovador, verificamos o mercado e temos que investigar se existe algum problema que ainda não tem solução, de forma mercadológica.

Aí surge uma ideia. Só que essa ideia não tem valor monetário nenhum. Não tem valor porque temos que fazer ainda alguma coisa com ela. Temos que dar um formato de negócio já com uma maquiagem de empresa.

Se não fizermos nada com essa ideia, ou seja, aproveitá-la de forma produtiva, tem valor negativo e só ocupa espaço na nossa mente (*hardware*), gastando tempo que pode considerar como improdutivo.

Então, da ideia nós, empreendedores, para sermos rápidos, eficientes e eficazes, queremos torná-la um produto ou serviço. O que acontece normalmente é que:

- ✔ Estamos sempre empolgados com a ideia;
- ✔ Achamos que a ideia vai ser amada e desejada por todos;
- ✔ Achamos que vamos ficar ricos, construindo um negócio inovador com essa ideia;
- ✔ Com essa ideia, nossos potenciais clientes vão ser nossos para toda a vida e nunca vão nos trocar pela concorrência.

Uma boa ideia tem que ter:

- ✔ Funcionalidade;
- ✔ Agilidade;
- ✔ Praticidade;
- ✔ Recompensa;
- ✔ Mobilidade;
- ✔ Acessibilidade;
- ✔ Dados;

✔ Conforto;

✔ Customização.

Com essas conclusões, temos as seguintes perguntas:

1. Será que é o momento de se construir um produto ou serviço apenas com essa ideia surgida?
2. Será que as pessoas a quem você apresentou a ideia vão se tornar seus potenciais clientes?
3. Será que as pessoas vão querer pagar pela ideia?
4. Será que se deve aportar capital em uma ideia, antes de saber se as pessoas vão aceitá-la para comprá-la ou consumi-la?

Antes de tudo, para comprar ou consumir um produto ou serviço, o cliente tem que ver valor nisso, enxergar os benefícios que os produtos ou serviços oferecem e se eles vão ao encontro das suas necessidades ou desejos, ou se isso está resolvendo um problema dele e da humanidade, senão não tem negócio nem cliente. Temos que trabalhar nessa ideia para torná-la viável.

Isso nada mais é que seguirmos as duas etapas iniciais do "Desenvolvimento de Cliente", que são:

✔ DESCOBERTA do CLIENTE;

✔ VALIDAÇÃO pelo CLIENTE.

Entrando no tema de "Desenvolvimento do Cliente", o definimos assim: é o processo para se evitar gastar tempo e dinheiro, construindo algo que ninguém quer ou vai comprar.

Para se evitar isso, temos que perseguir o aprendizado contínuo e constante, validando sempre sua ideia com seus clientes.

Em nenhum momento estamos falando em construir um produto. Um ponto importante que devemos deixar claro é que, nos negócios inovadores, se existe um problema, deve ser verificado e investigado com a comunidade em si, propondo-se ideias e não partindo diretamente para a solução, confeccionando o produto.

Os empreendedores têm dúvidas ao descobrirem um problema, se sua ideia de solução é factível e vencedora; a partir desse problema, querem construir logo um produto como solução.

Em negócios, normalmente não temos falta de produtos, o que temos é falta de clientes.

Mas a armadilha é o empreendedor desenvolver um produto/serviço inovador e não ter clientes.

É importante tomar muito cuidado!

É sabido há muito tempo como desenvolver um produto. Não só produtos tecnológicos como outro produto, isso já está muito bem contado e estudado ao longo dos anos.

Agora, criar um processo de como desenvolver o cliente, isso é recente, dentro do segmento de negócios inovadores.

Temos que fazer a PESQUISA DE MERCADO ou também chamada como PESQUISA DE DEMANDA DE CLIENTES, empreendedorismo e cientificidade, para conhecermos os potenciais clientes que têm o problema que foi descoberto e pesquisado.

✔ Como fazer a PESQUISA DE MERCADO?

Os potenciais clientes podem ser agrupados de acordo com vários fatores:

- **Geográficos:** tamanho potencial do seu mercado (países, regiões, cidades, bairros).
- **Demográficos:** pessoas físicas – faixa etária, sexo, profissão, renda, idade, educação; pessoas jurídicas – ramo de atividade, serviços e produtos oferecidos, número de colaboradores, filiais e localização, tempo de atuação no mercado.
- **Psicográficos:** estilos de vida e atitudes.
- **Comportamentais:** hábitos de consumo, benefícios procurados, frequência de como resolvem esse problema, lugar onde costumam ter esse tipo de problema, ocasiões em que ocorre o problema.

O Desenvolvimento de Clientes se faz a partir do contato direto com o cliente ou potenciais clientes identificados pelo seu público-alvo, pesquisando o problema e verificando se a solução que está se propondo resolve aquele problema.

ESTUDO DOS CLIENTES

Os clientes não compram apenas produtos e serviços, mas soluções para algo que precisam ou desejam, ou para se resolver problemas. Os clientes compram benefícios. Podemos identificar essas soluções se os conhecermos melhor.

Para tal, podemos seguir os seguintes passos:

1º passo: identificando as características gerais dos clientes

Se pessoas físicas:

- Qual a faixa etária?
- Na maioria, são homens ou mulheres?
- Têm família grande ou pequena?
- Qual o seu trabalho?
- Quanto ganham?
- Qual é a sua escolaridade?
- Onde moram?

Se pessoas jurídicas:

- Em que ramo atuam?
- Que tipo de produtos ou serviços oferecem?
- Quantos empregados possuem?
- Há quanto tempo estão no mercado?
- Possuem filial? Onde?
- Qual a capacidade de pagamento?
- Têm boa imagem no mercado?

2º passo: identificando os interesses e comportamentos dos clientes

- Que quantidade e com qual frequência compram esse tipo de produto ou serviço?
- Onde costumam comprar?
- Que preço pagam atualmente por esse produto ou serviço similar?

3º passo: identificando o que leva essas pessoas a comprar

- O preço?
- A qualidade dos produtos e/ou serviços?

- A marca?
- O prazo de entrega?
- O prazo de pagamento?
- O atendimento da empresa?

4º passo: identificando onde estão os seus clientes

- Qual o tamanho do mercado em que atuará?
- É apenas na sua rua?
- É no seu bairro?
- É na sua cidade?
- É em todo Estado?
- É em outros países?
- Seus clientes encontrarão sua empresa com facilidade?

A partir desse método, pesquisamos o problema, achamos a solução e temos condições de desenvolver nossos produtos/serviços que ofereceremos ao mercado, e descobrimos nossos futuros potenciais clientes. Assim, daremos início ao Plano de Negócio.

Imagem: vectorjuice/Freepik.com.

STARTUPS COMO SOLUÇÃO EMPREENDEDORA DIGITAL

O empreendedorismo convencional nos diversos ramos de atividades e no nicho de restaurantes é algo que dá certo ou não?

Nossa resposta pode ser verificada com uma observação ao nosso redor.

Quantos restaurantes que nós conhecemos estão em pleno funcionamento?

Existem alguns estabelecimentos dessa natureza que conhecemos há vários anos e estão vivos e em operação desde que nascemos.

Então a resposta é que o empreendedorismo convencional na gastronomia dá certo, desde que exista o planejamento do negócio, estejamos sempre atentos ao mercado buscando inovar e seguindo premissas básicas e algumas estratégias que ajudarão o estabelecimento a se firmar no mercado e prosperar.

Para enfrentar os desafios das empresas desse setor, tais como: queda de fluxo de clientes, carência de mão de obra em função do elevado índice de desemprego, necessidade de ampliação de serviços e falta de informação na utilização dos meios digitais e estratégias de *marketing*, é importante parcerias com *startups* que podem, com a tecnologia, ajudar a superar esses desafios.

Dessa forma, podemos afirmar que o empreendedorismo pode ser estudado como empreendedorismo convencional e empreendedorismo digital.

EMPREENDEDORISMO CONVENCIONAL

São ideias criadas para a implantação de lojas, empresas, restaurantes, confeitarias e padarias, ou seja, de negócios convencionais, mas de preferência com inovação.

EMPREENDEDORISMO DIGITAL

São ideias baseadas em inovação tecnológica como, por exemplo, aplicativos, *marketplace* e serviços de comércio eletrônico (*e-commerce*).

As *startups* fazem parte do empreendedorismo digital.

✓ Ideia que resolva um problema (ausência de informação sobre alguma coisa que se quer usar ou necessidade não atendida) em estágio inicial.

- ✔ IDEIA; hipótese com criatividade e inovação a ser validada.
- ✔ É um grupo de pessoas empreendedoras multidisciplinares.
- ✔ Em busca de um modelo de negócio viável, que seja escalável e repetível em um contexto de incertezas.
- ✔ Uma *startup* tem que ter base tecnológica e ser inovadora.

Antes de uma *startup* ser a solução, temos que procurar um problema que desejamos resolver para o negócio de padaria e confeitaria.

O serviço desenvolvido pela criação de uma *startup* será o diferencial competitivo para o negócio de restaurantes, que poderá ter como ideias apoiadas em tecnologia:

- Programa de fidelização de clientes;
- Avaliação do serviço prestado;
- Reserva *on-line*, eliminando as filas;
- Envio por *e-commerce* de produtos e serviços;
- Cardápio digital;
- *Delivery* de produtos;
- Autosserviço.

A transformação digital plena é uma grande aliada no empreendedorismo digital.

6

PLANEJAMENTO PARA O EMPREENDEDORISMO DIGITAL

QUADRO CANVAS

6

O QUADRO CANVAS

O quadro canvas é uma ferramenta para desenvolver um modelo de planejamento do seu negócio (modelo de negócio), de forma fácil e rápida. Serve também para testar diversos modelos de negócios para uma nova empresa, um novo projeto, uma ideia inicial, ou seja, para inovar em uma empresa com base tecnológica já existente, ou para uma empresa com base tecnológica que esteja iniciando.

Desenhar o modelo de negócio precede a elaboração do plano de negócio.

O plano de negócio descreve, de forma completa, como o negócio será construído, com etapas, prazos, planilhas de custos e receitas, recursos humanos, *marketing*, processos e gestão.

Até algum tempo atrás, acreditava-se que somente o plano de negócio, um documento de planejamento altamente detalhado com as informações sobre o funcionamento do futuro negócio, poderia auxiliar o empreendedor ou empreendedora a responder às seguintes perguntas e aumentar as chances de sucesso.

Perguntas que o empreendedor necessita responder ao iniciar um novo negócio:

1) Quem são meus clientes e como chego até eles?
2) Quais são os desejos e as necessidades dos clientes que pretendo atender com meu negócio?
3) Quais produtos e serviços oferecerei?
4) Quais são os recursos humanos, físicos, financeiros e intelectuais que necessito para o meu negócio funcionar?
5) Como serão os meus custos e como gerarei receitas?

Por meio dessa análise e reflexão sobre o negócio, será possível perceber se a ideia original terá validade e se todas as partes se encaixam, formando processos individuais que desencadearão todo um sistema. Se o modelo de negócios for alterado, o plano de negócio deverá ser alterado também. As duas ferramentas devem manter-se vivas e conectadas.

O modelo de negócio descreve a lógica de criação do negócio, quer dizer, mostra que, na idealização do negócio, o raciocínio e a interconexão das partes fazem sentido. Nesse ponto, deverá ser bem explorada a questão da entrega e captura de valor. A entrega de valor diz respeito à forma de recebimento da oferta pelo cliente e a captura do valor refere-se à possibilidade de receber o retorno financeiro de como o cliente está percebendo monetariamente o que está sendo entregue. Na entrega de valor: o que comprei é o que eu precisava e é o que foi prometido? Na captura de valor (pagamento pelo produto/serviço): o que comprei está com preço justo? O que adquiri vale realmente esse preço que estou pagando?

O objetivo do quadro canvas é facilitar a apresentação e a montagem de um modelo de negócio, exemplo: tirando a ideia da cabeça e pondo no papel, da "ideia ao negócio" ou fazer com que um sonho se transforme em realidade, atentando sempre para a importância do planejamento.

A palavra canvas significa quadro e é exatamente isso que a ferramenta é. Um quadro no qual se pode descrever a essência do negócio e todos os elementos necessários para o seu funcionamento.

O BUSINESS MODEL CANVAS ou "Quadro de modelo de negócios" é uma ferramenta de gerenciamento estratégico e planejamento, que permite desenvolver e esboçar modelos de negócio novos ou existentes.

O quadro canvas é uma ferramenta prática e versátil que permitirá enxergar todos os aspectos fundamentais de um modelo de negócio em apenas uma folha. Ele é composto por nove elementos (blocos) que cobrem as quatro principais áreas de negócio: clientes, oferta, infraestrutura e viabilidade financeira. Os nove blocos se relacionam entre si e precisam estar em harmonia, como em uma pintura.

Assim como nosso cérebro, o quadro canvas é dividido em duas partes: o lado direito, que corresponde aos aspectos mais emocionais do negócio; o lado esquerdo, composto pelas questões racionais, ligadas à operacionalidade da empresa.

Os nove elementos do quadro canvas são:

LADO DIREITO

1) Segmento de clientes;
2) Proposta de valor;
3) Canais;
4) Relacionamento com clientes;
5) Fontes de receita.

LADO ESQUERDO

6) Recursos principais;
7) Atividades-chaves;
8) Parcerias principais;
9) Estrutura de custos.

Apesar de ser comum o uso do quadro canvas em *startups*, empreendedorismo digital, é também utilizado em novos negócios analógicos e negócios analógicos em funcionamento. O objetivo principal do quadro canvas é definir com clareza o modelo de negócio.

É possível usar o quadro canvas para inovar em seu modelo de negócio e se diferenciar da concorrência, o que pode significar lançar um novo produto/serviço ou entrar em novos mercados, por exemplo.

Esse modelo com nove blocos em forma de um quadro permite melhor visualização estratégica na hora da criação ou inovação do seu negócio. Normalmente, os empreendedores não fazem o quadro canvas quando iniciam a sua empreitada empreendedora, o que pode ser um grande erro, pois aumenta o risco do negócio.

Por ter uma linguagem mais amigável, simples e objetiva, o modelo canvas ajuda a melhorar a comunicação entre os envolvidos, uma vez que a visualização permite melhor compreensão e assertividade.

O quadro canvas é totalmente flexível e podemos mudar a direção – pivotar – sempre ou frequentemente, de acordo com o mercado e clientes, uma vez que as dores são mutáveis para parceiros, prestadores, concorrentes e todo sistema que envolve a ideia e o negócio.

Mudanças constantes fazem parte do processo de empreender.

Nada é escrito diretamente no quadro. A ferramenta é preenchida com adesivos colantes *post its* (papéis pequenos autocolantes coloridos) para facilitar a inclusão ou retirada de ideias, isso lhe dará maior flexibilidade na hora de fazer mudanças. Isso porque, em primeiro lugar, *post its* são pequenos e "obrigam" as pessoas a escrever ideias claras e objetivas nesse espaço restrito do papel. Em segundo lugar, podem ser trocados de lugar a qualquer momento, trazendo flexibilidade e agilidade, comparável ao mercado, que é dinâmico. Com essa flexibilidade e agilidade, há redução de retrabalho e aumento do desempenho para se avaliar o negócio.

É possível fazer validações de acordo com a mudança de direção das ideias e do negócio.

O quadro inteiro, quando é visto de alguma distância e de longe, nos dá a visão do negócio como um todo e de forma mais completa possível com a total interdependência dos seus blocos que parecem e nos dão a sensação de serem individualizados. Mas, ao olharmos de perto e de forma única, vemos que tudo está interligado e nos permite analisar todas as ideias completas a respeito do negócio.

Não é necessário preencher o quadro de uma única vez, mas atualizá-lo com frequência.

O quadro canvas, quando utilizado para empreendedorismo digital, *startups*, temos como prioridade verificar e validar:

✔ Se a ideia é inovadora com base tecnológica, aplicável aos processos, produtos e serviços, aumentando a eficiência e a eficácia dos processos da empresa;

Inovadora com base tecnológica – ideia nova, ideia que a princípio poucas pessoas tiveram, uma vez que, em algum lugar do planeta, alguém já pensou nisso, por isso não existe uma ideia totalmente nova que nunca ninguém pensou nela. A base tecnológica nos dá a noção de que não é possível multiplicar a ideia ou o consumo sem o auxílio da tecnologia, de forma digital. Por exemplo, se não fosse a tecnologia, como o Facebook poderia ser acessado simultaneamente em tempo real por milhões de pessoas?

No mundo analógico, por exemplo, uma padaria só terá acesso físico pela maioria das pessoas do bairro, não poderá ser acessada simultaneamente por milhões de pessoas do mundo inteiro em tempo real, mesmo porque as limitações físicas impediriam esse acesso.

✔ Se a ideia é escalável, permitindo a reprodução em grandes quantidades, repetidamente o que lhe dê ganho em escala e produtividade, com recursos em menores proporções. Com pouco investimento e com poucos custos e de forma digital, multiplico o acesso de mais e mais pessoas, com isso aumento a minha receita;

Escalável – conseguir aumentar a receita sem que seus custos acompanhem esse crescimento.
- Exemplo: Google.

✔ Se a ideia é repetível, é possível reproduzir a ideia em quantidade com grande ganho de produtividade;

Repetível – entregar seu produto ou serviço a partir desse negócio inovador em proporções ilimitadas, diversas vezes, com o mesmo molde ou repetição do início como foi criado, ou seja, sem modificações.
- Exemplo: *e-book*.

✔ Se está em um ambiente de extrema incerteza, em condições desfavoráveis no que tange ao mercado, conjuntura econômica e aspectos políticos, entre outros.

Extrema incerteza – não saber se esse negócio inovador dará certo, não ter nenhuma segurança se dará certo – RISCO.

MODELO CANVAS

O Modelo de Negócios Canvas é composto de 9 blocos que juntos descrevem as principais partes de um negócio.

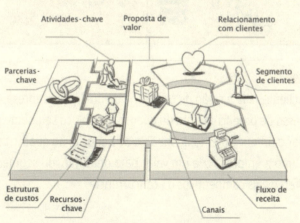

É recomendável buscar formas de validar com o cliente se as hipóteses colocadas no quadro fazem sentido e se são factíveis.

O quadro a seguir permite entender como deve ser preenchida a ferramenta canvas de modo que seja possível ter um modelo de negócio validado com base na demanda do cliente.

MODELO DO QUADRO CANVAS COM OS NOVE BLOCOS

Para garantir a harmonia entre os diferentes blocos, recomenda-se que o preenchimento seja realizado com base em uma ordem lógica.

QUADRO PARA GERAR UM MODELO DE NEGÓCIO

PARCERIAS PRINCIPAIS	ATIVIDADES PRINCIPAIS	PROPOSTA DE VALOR	RELACIONAMENTO COM CLIENTES	SEGMENTOS DE CLIENTES
COMO?	RECURSOS PRINCIPAIS	O QUÊ?	CANAIS	PARA QUEM?
ESTRUTURA DE CUSTOS — QUANTO?		FONTES DE RECEITA		

✔ **SEGMENTO DE CLIENTES**

Como os clientes são a razão de existência de qualquer empresa, recomenda-se iniciar o processo de preenchimento do quadro pelo bloco segmento de clientes.

Para iniciar o preenchimento do modelo de negócio, no quadro canvas é importante saber como a empresa cria um valor para determinado segmento de clientes para se ter diferenciais competitivos da concorrência.

O campo segmento de clientes deve ser preenchido com os potenciais clientes segmentados que consumirão ou adquirirão produtos e/ou serviços.

Também definiremos qual ou quais são os públicos que atenderemos, onde devemos ter cuidado, uma vez que quem quer atender todo mundo acaba perdendo o foco, não agradando e não atendendo ninguém. É importante segmentar esse público, ou seja, definir alguns perfis a serem atendidos.

Para essa definição, podemos responder às seguintes perguntas:

1) Para quem estamos criando valor?
2) Quem são meus principais clientes?
3) Posso agrupá-los ou diferenciá-los entre si?
4) Eles têm perfil específico?
5) Onde estão localizados?
6) Existe necessidade comum entre eles?
7) Eles são homens, mulheres ou crianças?
8) Eles pertencem a uma classe isolada?

Alguns tipos de segmentos de clientes:

- **Diversificado:** com necessidades e problemas muito diferentes.
- **Mercado de nicho:** atende a um determinado segmento de clientes com necessidades semelhantes.
- **Segmentado:** distingue segmentos de mercados de clientes com necessidades pouco diferentes.

Uma pesquisa de mercado voltada para o negócio é uma maneira para mensurar adequadamente o público-alvo e ter mais possibilidade de sucesso.

DIFERENÇAS ENTRE PÚBLICO-ALVO E PERSONA

A principal diferença entre os dois conceitos é que o público-alvo apresenta informações de forma ampla e geral, enquanto a *persona* consiste em detalhes mais específicos, formando assim seu cliente ideal.

Público-alvo: o público-alvo é a definição social, econômica e demográfica de quem consumirá o seu produto. Ele costuma ser o primeiro passo para iniciar uma campanha de *marketing* para atingir os clientes.

Geralmente, o público-alvo traz informações como:

- Estado civil;
- Formação;
- Gênero;
- Hábitos de compra;
- Idade;
- Profissão;
- Região do país.

COMO DESCOBRIR O PÚBLICO-ALVO DO MEU PRODUTO?

Para facilitar a descoberta de qual é o público-alvo do seu produto, podemos responder às seguintes perguntas:

- Seu produto se destina a empresas (pessoas jurídicas) ou pessoas físicas?
- Em que região, cidade ou Estado moram as pessoas que se interessariam em comprar o seu produto?
- Esse é um produto destinado a um só gênero ou é unissex? No caso da última opção, é comprado mais por homens ou por mulheres?
- Qual é a idade média dos seus consumidores?
- Qual é a renda?
- Qual é a formação?
- Qual é o estado civil?
- Qual é a idade ou a geração para a qual se destina o produto?
- Com qual frequência consome o produto?

PERSONA:

Persona é a personalização de uma pessoa, um perfil fictício do cliente ideal de uma empresa. O objetivo da definição de *persona* é que o empreendedor compreenda melhor quem é o cliente e do que ele precisa, possibilitando estratégias de *marketing* mais acertadas, assim como melhor definição da proposta de valor.

- Um nome fictício, para facilitar a conexão;
- Uma breve história sobre o dia a dia da *persona*;
- Profissão;
- Hábitos de compra;
- Estilo de vida;
- Redes sociais favoritas;
- *Hobbies*;
- Valores;
- Dores relacionadas ao seu produto;
- Dúvidas;
- Ambições.

Exemplo de público-alvo: mulheres de 25 a 35 anos, formação superior em Tecnologia da Informação, com renda mensal entre R$ 5 mil e R$ 8 mil, solteiras, moradoras da região sudeste, que fazem compras de cosméticos pela internet ou, presencialmente, em lojas, para limpeza de pele com periodicidade mensal.

EXEMPLO DE PERSONA:

Cláudia tem 30 anos, tecnóloga, trabalha como supervisora de operações em uma empresa de TI. Ganha entre R$ 5 mil e R$ 8 mil, é solteira e bem resolvida profissionalmente. Gosta de comprar cosméticos pela internet, tem boa gestão em suas finanças pessoais. Sempre separa dinheiro do seu orçamento mensal para esse consumo de cosméticos e compra de acordo com as sugestões e novidades resenhadas pelas blogueiras de alta audiência. Sua principal dificuldade são os fretes caros internacionais que acompanham esses cosméticos renomados e recomendados. Costuma seguir digital *influencers* de moda e beleza nas redes sociais pelo Instagram e *blogs*. Mora no Rio de Janeiro e sai toda semana com amigas para bares e baladas. Gosta de se vestir bem, pratica esportes com frequência em academias e valoriza a qualidade de vida.

Outros exemplos de público-alvo:

1) **CASAS BAHIA:** pessoas de classes C, D e E que precisam e utilizam crédito para comprar.
2) **FERRARI:** homens ricos e apaixonados por carros esportivos.
3) **RESTAURANTES:** homens, mulheres e crianças que apreciam uma boa comida, com temperos diferenciados, por exemplo.

✔ PROPOSTA DE VALOR

A proposta de valor consiste no valor que pretendemos entregar para esses clientes.

É importante atentar que o valor tem que ser reconhecido pelo cliente e não pelo empreendedor ou outra entidade.

Definir valor vai além de definir produtos ou serviços. É definir a razão pela qual esse cliente adquirirá esses produtos ou serviços: qual a necessidade que você atende? O problema que você resolve? A situação em que melhora a vida dos clientes com o seu negócio? Como se diferenciará da concorrência? Qual o valor que o cliente enxerga no seu negócio? Exemplo: para uma bicicletaria, esse valor poderia ser: consertar bicicletas facilitando a locomoção das pessoas do bairro.

Na proposta de valor, as seguintes perguntas devem ser respondidas:

1) Que valores entrego para o cliente?
2) Será que o meu cliente valoriza o que eu estou entregando?
3) A minha ideia de negócios atenderá os clientes?
4) Quais problemas dos clientes estou ajudando a resolver?
5) Quais as soluções que o meu negócio trará para meus clientes?
6) Que necessidades dos meus clientes estão sendo satisfeitas e atendidas?
7) Que produtos e serviços ofereço para cada segmento de clientes?
8) Por que o meu cliente comprará de mim e não da concorrência?

Na proposta de valor, queremos entender a necessidade do cliente, algo que precisa, sente falta, não encontra por perto. Faz parte de demandas não atendidas.

VALOR é a razão ou o motivo pelo qual os seus futuros clientes enxergam e depois adquirem seus produtos e/ou serviços, atendendo a uma necessidade, resolvendo um problema ou melhorando alguma situação existente.

Podemos definir mais de uma proposta de valor, tais como:

- **Valor de ACESSIBILIDADE:** tornar os produtos/serviços/mercadorias disponíveis para clientes que anteriormente não tinham acesso a eles.
- **Valor de CONVENIÊNCIA:** é a capacidade de adaptação de seu produto/serviço/mercadoria para atender a necessidades específicas de cada cliente.
- **Valor de CUSTOMIZAÇÃO:** é a capacidade de adaptação de seu produto/serviço/mercadoria para atender a necessidades específicas de cada cliente.
- **Valor de NOVIDADE:** satisfazer um conjunto totalmente novo de necessidades que os clientes anteriormente sequer imaginavam que tinham.
- **Valor de PERFORMANCE:** melhora o desempenho do cliente em algum ponto.
- **Valor de PREÇO:** forma de satisfazer o cliente com menor preço que a concorrência. Devemos tentar "vender" valor e não preço, devemos valorizar qualidade, suporte e atendimento, buscando encantar, surpreender e entusiasmar o cliente e não oferecer o menor preço.
- **Valor REDUÇÃO de CUSTOS:** auxiliar os clientes a reduzir custos.

Exemplos de PROPOSTA de VALOR:

1) APPLE
A Apple fornece uma combinação única de produtos e serviços inovadores, com qualidade e *design*, trazendo solução de um problema que o cliente enfrenta, fornecendo valor ao cliente.

2) SUBWAY
É uma rede de restaurantes *fast food* que oferece lanches rápidos, saudáveis e personalizados, sendo que o cliente pode montar o seu sanduíche com ingredientes da sua preferência.

3) UBER
A Uber oferece aos seus clientes preços que estejam dispostos a pagar.

4) RESTAURANTES
Um restaurante moderno oferece aos seus clientes comidas simples ou requintadas com diferenciais competitivos de automação, diferentes dos locais normais existentes no mercado.

✔ CANAIS

Neste campo, deve ser registrada a forma como a empresa comunica e entrega a sua proposta de valor, ou seja, como o cliente encontrará seus produtos e serviços.

Como seus futuros clientes saberão que a empresa existe? Quais os produtos/serviços disponíveis para comercialização? Como será a forma que seus produtos e serviços chegarão até seus clientes? Como serão entregues as soluções? Qual será o meio pelo qual o cliente encontrará seus produtos e/ou serviços?

- Será por meio de atacado?
- Será por meio de representantes comerciais?
- Será por meio de distribuidores?
- Será por meio de venda direta?
- Será pela internet?
- Será por meio de loja física, ponto comercial ou do escritório?

Quanto mais curto o caminho que o cliente fizer para chegar até você, mais fácil será a venda.

Estudo de como o cliente encontrará seus produtos e/ou serviços:

1. Por quais canais o segmento de clientes será alcançado?
2. Como estão sendo alcançados hoje?
3. Como os canais estão ligados entre si?
4. Qual é o canal que funciona melhor?
5. Qual é o canal que tem menor custo?
6. Quais os canais que devem ser utilizados em cada fase?

   a) **Na fase de prospecção de clientes (pré-venda):** visita física e presencial, telemarketing pelo *contact center*, propaganda, internet e eventos.
   b) **Na fase de compra:** na loja própria, na loja parceira, via atacado ou distribuidor, via loja virtual, televendas, porta a porta.
   c) **Na fase de pós-venda:** via redes sociais, mensagens, contatos telefônicos e visitas físicas.

Exemplos de CANAIS:

1) AMAZON

Correios e operadores logísticos privados.

Serviço de Atendimento ao Consumidor (SAC), telefone gratuito, via *chat* ou mídias sociais.

2) SUBMARINO

Correios e operadores logísticos privados.

Site, *link* patrocinado e publicidade *on-line*.

3) RESTAURANTES

Loja física.

Visita presencial.

✔ RELACIONAMENTO com CLIENTES

É a forma como a empresa interage com um segmento de clientes e define como será o relacionamento.

Neste bloco, serão definidas estratégias para aumentar as vendas, assim como maneiras para conquistar e manter boa relação com os clientes, e o melhor, sem que o abandonem.

Questionamentos para preenchimento do bloco de relacionamento com clientes:

1. Como pretende se relacionar com os clientes?
2. Que tipos de relacionamentos o segmento de clientes espera da empresa?
3. Quais são os relacionamentos já estabelecidos hoje?
4. Como esses relacionamentos estão integrados com outros aspectos do negócio?
5. Quanto custa os relacionamentos existentes?

O relacionamento com clientes engloba as definições de como será feita a conquista e manutenção de uma boa relação, para ampliar a rede de clientes e para que não o troquem pela concorrência.

Alguns tipos de relacionamento com clientes:

✔ **Pessoal – com interação humana (presencial):**
- Atendimento pessoal.
- Atendimento dedicado.

✔ **Impessoal – sem interação humana:**
- Autosserviço, o próprio cliente faz todo o processo de atendimento com tecnologia do estabelecimento.
- Automatizado, o próprio cliente faz todo o processo de atendimento por meio automático ou eletrônico.

✔ **Com a participação do cliente:**
- Cocriação – o cliente terá um atendimento pessoal e dará várias sugestões para que, dentro da sua ótica e com as suas sugestões, auxilie o empreendedor a mudar processos e procedimentos, sempre com o objetivo de melhoria.

Exemplos de RELACIONAMENTOS com CLIENTES:

1) SANTANDER
Agências, Agências Van Gogh, atendimento por telefone, SAC, ouvidoria, redes sociais e *internet banking*.

2) FACEBOOK
Memórias de fotos e interações.
Efeito de redes – conexões "on-line".

3) RESTAURANTES
Para estabelecimentos sem automação, e fisicamente estabelecido o relacionamento com clientes, é feito de forma presencial.

✔ **FONTES de RECEITA**
É a forma de como a empresa gera sua receita, é a definição de como se dá a entrada do dinheiro.
Questionamentos para o preenchimento do bloco das fontes de receita:

1. Por qual valor/quantia o segmento de clientes está disposto a pagar pelo seu produto/serviço?
2. Pelo que os clientes pagam ou pagariam atualmente?
3. Como pagam hoje?
4. Como eles prefeririam pagar?
5. Qual é a contribuição de cada fonte de receita para receita total?

Receita é quanto e como os clientes pagarão pelo que está sendo oferecido. Como os clientes podem pagar pelo que está sendo oferecido:

- Venda de produtos e/ou serviços;
- Taxa de uso;
- Assinatura;
- Aluguel;
- Licenciamento;
- Comissão;
- Propaganda.

Exemplos de FONTES de RECEITAS:

1) TURMA DA MÔNICA
Venda de revistas e animações, licenciamento de produtos.
2) FACEBOOK
Valor por clique.
3) RESTAURANTES
Pagam via cartão de crédito ou débito pelo que compram ou consomem.

Concluído o preenchimento do lado direito do quadro canvas, o lado emocional do negócio, é hora de partir para questões racionais, operacionais e práticas do lado esquerdo do quadro.

✔ RECURSOS PRINCIPAIS
São os recursos necessários para fazer com que a empresa faça o seu modelo de negócio funcionar. Definição de todos os recursos necessários para que possa entregar ao cliente a sua proposta de valor.

Questionamentos para o preenchimento do bloco dos recursos principais:

1. Que recursos principais a proposta de valor exige?
2. Quais são os recursos principais para se operar os canais de entrega?
3. Quais são os recursos principais para se realizar os relacionamentos?
4. Quais são os recursos principais para obtermos as fontes de receita?

Recursos principais existem para se definir o que é preciso fazer para o negócio funcionar. Esses recursos podem vir de financiamentos de capital próprio ou mesmo de empréstimos informais com parentes e amigos.

Vamos listar os quatro diferentes tipos de recursos:

- **Recursos físicos:** imóveis, máquinas, computadores e mobiliário.
- **Recursos intelectuais:** *designers*, programadores, especialistas, ou seja, conhecimentos e habilidades que os colaboradores especialistas têm para auxiliar no desenvolvimento da proposta de valor.
- **Recursos humanos:** pessoas não especializadas, também chamadas de talentos, vendedoras, gerentes, auxiliares, atendimento, ou seja, é a equipe ideal de que preciso para executar as atividades operacionais.
- **Recursos financeiros:** capital próprio, financiamentos, investidores, aceleradores, dinheiro, crédito, ou seja, o dinheiro de que preciso para o negócio funcionar.

Exemplos de RECURSOS PRINCIPAIS:

1) FACEBOOK
Base de clientes segmentados.

2) VALE
Minas, equipamentos e *know-how* técnico.

3) RESTAURANTES
Recursos físicos: fogão, panelas, mesas, cadeiras e estoque.
Recursos intelectuais: *chef* de cozinha e compradores.
Recursos humanos: garçons, maîtres, cozinheiros e caixa.

Recursos financeiros: dinheiro advindo dos clientes consumidores que frequentam o restaurante.

✔ ATIVIDADES PRINCIPAIS

Constituem as atividades essenciais ou ações mais importantes e necessárias para que o modelo de negócio funcione corretamente. Relação das ações necessárias para a realização da proposta de valor, desde as relacionadas diretamente com a produção ou prestação de serviços até as tarefas administrativas.

Questionamentos para o preenchimento do bloco das atividades principais:

1. Que atividades-chaves principais a proposta de valor exige?
2. Que atividades-chaves principais são necessárias para se realizar os canais de entrega?
3. Que atividades-chaves principais são necessárias para se realizar os relacionamentos?
4. Que atividades-chaves principais são necessárias para se ter as fontes de receita?

Atividades-chaves principais são as ações importantes para realização do negócio.

Podemos listar algumas atividades-chaves necessárias para um negócio funcionar:

- **O negócio funciona por meio de uma plataforma digital**: quando a atividade-chave principal do negócio hospeda as atividades dos clientes e dos fornecedores, em que interagem e fecham negócio – *marketplace*.

- **O negócio funciona por produção:** quando a atividade-chave principal do negócio é produzir algo.

- **O negócio funciona por redes da web:** quando a atividade-chave principal do negócio é prover acesso tecnológico e comunicação.

- **O negócio funciona por resolução de problemas:** quando a atividade-chave principal do negócio é resolver problemas dos clientes; por exemplo, serviços de consertos, serviços de manutenção de equipamentos.

Exemplos de ATIVIDADES PRINCIPAIS:

1) CACAU SHOW

Desenvolver novos chocolates, produzir chocolates, gestão da franquia, distribuição e venda nos pontos de venda.

2) TV GLOBO

Elaborar e produzir programas de TV, vender propaganda pelo *merchandising* e buscar novos talentos artísticos.

3) RESTAURANTES

Um restaurante é um estabelecimento comercial destinado ao preparo e comércio de refeições, normalmente servindo também todo tipo de bebidas. Normalmente consiste em uma ou várias salas com mesas. A comida e bebidas são servidas por garçons. Nos tempos atuais, a comida, em vez de ser servida na mesa, ela é entregue pelos restaurantes aos seus clientes, que se encontram fisicamente em ambiente doméstico ou comercial.

✔ PARCERIAS PRINCIPAIS

São empresas, instituições, fornecedores ou pessoas que são importantes para o funcionamento do modelo de negócio. Podem ser parceiros estratégicos que apoiam a realização da proposta de valor.

Por que devo atrair parcerias e fornecedores e não fazer tudo sozinho?

Porque fornecedores e parceiros de excelência, que trabalharão conjuntamente no empreendimento, são profissionais que farão trabalhos secundários, uma vez que realizam melhor que nós. As atividades-fim principais do negócio (*core business*) têm e devem ser executadas sempre pelo empreendedor e jamais devem ser realizadas pelos fornecedores e parceiros.

Deve-se sempre pensar em trabalhos conjuntos nas parcerias, ou seja, um ajudando o outro para o sucesso do negócio.

Alguns trabalhos secundários são necessários ser executados por terceiros, para que o empreendedor tenha foco nas atividades-chaves mais importantes.

Comumente, o empreendedor é especialista na atividade-fim do negócio. Desempenha isso com excelência e faz um ótimo trabalho nessa atividade.

Vamos a alguns exemplos:

a) **Abriremos uma pizzaria:** o empreendedor é um especialista em fazer pizzas. Mas é um especialista em *delivery*? O empreendedor necessita se preocupar se a moto enguiçou? Se o motoqueiro não puder entregar? Quem vai se preocupar pela sua substituição? A empresa parceira contratada.

b) **Abriremos um escritório de engenharia:** o empreendedor é um engenheiro de grande experiência. O empreendedor precisa de uma rede de computadores para realizar as atividades do escritório. Uma placa do servidor deu problema, precisamos efetuar a troca ou reparo da placa? Quem providenciará a solução é o nosso parceiro estratégico responsável pela manutenção da rede de computadores e *hardware*.

Questionamentos para o preenchimento do bloco das parcerias principais:

1. Quem são os parceiros-chaves para ajuda a realizar a proposta de valor?
2. Quem são os fornecedores-chaves que ajudarão na realização da proposta de valor?
3. Que recursos-chaves a empresa consegue dos parceiros-chaves?
4. Que atividades-chaves os parceiros-chaves executam?

Parceiros estratégicos são os aliados para otimizar e reduzir riscos do negócio. Exemplos de PARCERIAS PRINCIPAIS:

1) MCDONALD'S

Fornecedores e franqueados.

2) RESTAURANTES

Fornecedores de matéria-prima, de acordo com a especialidade do restaurante, podem ser parceiros principais; motoqueiros podem ser parceiros principais, caso o negócio venda seus produtos através de entrega.

✔ **ESTRUTURA de CUSTOS**

Principais custos decorrentes da operação do modelo de negócio. Levantamento dos gastos para a realização da proposta de valor.

Questionamentos para o preenchimento do bloco de estrutura de custos:

1. Quais são os custos mais importantes do modelo de negócios?
2. Quais são os recursos-chaves mais caros?
3. Quais são as atividades-chaves mais caras?
4. Quais são os custos com pessoal?
5. Quais são os custos fixos?
6. Quais são os custos variáveis?
7. Quais são os custos operacionais?
8. Qual o valor atual dos equipamentos que sofreram depreciação?
9. No acompanhamento mensal dos meus lucros líquidos, em quanto eles estão?
10. Qual o valor da tributação?

Estrutura de custos são todos os custos/gastos envolvidos para a operação do negócio.

Os custos mais importantes estão associados aos seguintes blocos:

- Atividades principais;
- Recursos principais;
- Canais;
- Parcerias principais;
- Propostas de valor.

Exemplos de ESTRUTURA de CUSTOS:

1) LATAM
Aviões, manutenção de aviões, combustível, *marketing*, funcionários e sistemas de TI.

2) CLARO
Infraestrutura de rede, lojas, funcionários e *marketing*.

3) FACEBOOK
Infraestrutura tecnológica e equipe.

4) RESTAURANTES
Caso o empreendimento esteja instalado em um *shopping*, teremos como custos fixos, simplificadamente, o aluguel, condomínio e pessoal administrativo. Podemos

definir os custos operacionais como sendo aqueles que possibilitam o funcionamento do restaurante, da chegada do cliente, seu consumo, entrega da conta e sua saída do estabelecimento e como as variáveis, que são aqueles que sofrem variação conforme o tamanho da produção. Sendo assim, eles vão aumentar ou diminuir na mesma proporção da demanda. Isso significa que, se o restaurante vender mais peixes do que o habitual, seus gastos com o fornecedor pesqueiro serão maiores.

Terminado o preenchimento do quadro canvas com seus nove blocos, é hora de passar para uma etapa importante do processo. Ao finalizar o trabalho do pintor em um quadro, ele precisa dar alguns passos para trás e olhar se a pintura está harmoniosa e se há algum detalhe que precisa ser acrescentado. O canvas, como é o quadro do seu negócio, ao terminar de preenchê-lo, você também precisa dar esse passo para trás e observar se todos os blocos estão em harmonia, fazendo a si mesmo algumas perguntas:

1) Minha proposta de valor atende ao segmento de clientes?
2) Os canais que escolhi são capazes de entregar essa proposta de valor ao segmento de clientes?
3) Tenho parceiros e fornecedores capazes de me entregar os recursos e atividades do negócio?
4) As receitas dos negócios serão suficientes para cobrir os meus custos?

Caso seja encontrado algo que não esteja se encaixando no canvas, será ótima oportunidade para se refletir e chegar a uma solução criativa para o modelo de negócio. São justamente nessas lacunas de acertos que você pode trazer inovações para o negócio.

A TECNOLOGIA APLICADA EM MODELO DE NEGÓCIOS

Como estamos na era digital, na era dos aplicativos e plataformas digitais, de acordo com o modelo de negócios que estamos implantando, o empreendedorismo digital é o mais aplicável, moderno e conveniente.

A implantação de *startups* para o modelo de negócios é o mais adequado para a modernidade do que se está pretendendo.

Para tal, devem ser seguidos todos os passos do modelo estabelecido na ferramenta do quadro canvas para a descoberta de ideias inovadoras com cunho tecnológico.

7

PLANEJAMENTO PARA O EMPREENDEDORISMO

PLANO DE NEGÓCIO

EXPRESS

A partir do método de desenvolvimento de cliente, pesquisamos o problema, achamos a solução, já temos condições de desenvolver nossos produtos/serviços que ofereceremos ao mercado e descobrir nossos futuros potenciais clientes, que devem ser a prioridade e ter o nosso foco principal, pois sem clientes não teremos consumo, nem negócio, tampouco uma empresa.

Agora, teremos que formatar o negócio com o foco NO cliente e foco DO cliente.

Vamos desenvolver a ferramenta de Plano de Negócio, para enxergarmos na frente de tudo como um bom planejamento deve ser.

Temos que estar aliados e alinhados com conhecimento e informação para tudo dar certo e chegarmos às inovações.

Abrir um negócio exige muito estudo prévio, uma vez que ele está pautado em conhecimentos e métodos científicos. A base de tudo é que uma ideia de negócio deve ter o seu alicerce em hipóteses que, quando validadas, viram teses.

Depois da empresa estar em funcionamento e aberta, não podemos deixar de estudar várias disciplinas ligadas ao empreendedorismo, com pesquisa constante, para conseguir e ter ideias inovadoras revolucionárias para o nosso negócio.

Temos que estar atentos a tudo e a todos, principalmente com "olhos" e "ouvidos" nos clientes, validando e qualificando sempre todas as nossas ações a partir das observações e estudo em prol da fidelização daquele que compra da nossa empresa.

Todo empreendedor possui muita energia, criatividade e muitos *insights*, qualidades fundamentais para transformar uma ideia em algo concreto e resolver a "dor" do cliente.

O autoconhecimento é muito importante para o desenvolvimento do empreendedor. Autoconhecimento é designar esforços para entender a si mesmo em todos os âmbitos. Com a compreensão profunda de quem você é, é possível descobrir suas qualidades, capacidades, bem como seus pontos que devem ser melhorados. Além disso, é possível saber lidar com isso tudo e encontrar as oportunidades para se desenvolver constantemente e aplicar esse desenvolvimento nas ideias do seu negócio.

O EMPREENDEDOR, ALÉM DO AUTODESENVOLVIMENTO E AUTOCONHECIMENTO, TEM QUE TER EM MENTE:

✔ Como criar uma empresa;
✔ Como administrá-la corretamente;
✔ Como fazê-la crescer de verdade e não simplesmente fazê-la funcionar;
✔ Como ter lucro no seu negócio.

O PROCESSO EMPREENDEDOR É CONSTITUÍDO DE 4 ETAPAS:

✔ **Primeira etapa:** IDENTIFICAÇÃO DE OPORTUNIDADES

Está vinculada a gerar ideias e identificar oportunidades, onde temos que utilizar nossa criatividade, intuição e experiência para detectar oportunidades. As oportunidades para ideias do negócio devem estar convergentes com o perfil e vontades internas do empreendedor.

- ✔ **Segunda etapa:** ELABORAÇÃO DO PLANEJAMENTO
  Consiste literalmente em confeccionar um plano de negócio, descrevendo seu empreendimento e modelo de negócios que sustenta a empresa.
- ✔ **Terceira etapa:** CAPTAÇÃO DE RECURSOS
  Consiste em buscar recursos financeiros para investimentos no negócio. Mas atenção, para quantificar e determinar esse número próximo do real é necessário fazer um estudo financeiro prévio, com os custos fixos, custos variáveis e capital necessário calculado para colocar o negócio no ar.
- ✔ **Quarta etapa:** GERENCIAMENTO
  Uma boa gestão é composta de planejamento, organização e controle. O gerenciamento é uma forma de controle da operação do negócio, em que se deve ter constantemente um *check-list* com os componentes de "previsto" e "realizado", para a gerência identificar os desvios e realizar a correção.

O QUE É UM PLANO DE NEGÓCIO

Documento de planejamento pelo qual temos acesso a informações obtidas a partir do levantamento de dados em campo junto ao público segmentado no mercado que utilizará ou não a ideia inovadora, o que reforça a necessidade da pesquisa prévia. Após o levantamento de dados, é verificada a viabilidade do empreendimento com concretização do negócio, devendo haver constante validação junto aos possíveis clientes e ao mercado.

Nele, prevemos as atividades operacionais e financeiras que podem afetar o seu negócio, minimizar os custos, definir despesas e reduzir os riscos, também tem a finalidade de mostrar aos investidores o negócio em si, em que esses investidores, ao se interessarem pelo negócio, aportam capital ou aprovam financiamentos por meio das empresas de fomento financeiro.

O plano de negócio registra a identidade estratégica, que são as informações sobre a missão, visão e valores que nortearão o empreendimento.

Como ferramenta de planejamento, ele permite que sejam cometidos erros no papel e não após a empresa ter sido aberta, quando já foram feitos investimentos de alto risco, com chances de se cometerem erros no mercado, que podem levar a empresa ao fracasso e perder o capital investido.

Ele é a estruturação de ideias inovadoras ainda no papel, quebrando-se paradigmas a partir de um planejamento que, se concretizado, pode trazer resultados financeiros pela criação de uma empresa, e aí já estão definidos o produto e/ou serviço que serão comercializados.

CONFECÇÃO DE UM PLANO DE NEGÓCIO

O plano de negócio é um instrumento ideal para se traçar uma fotografia do mercado, do produto/serviço, das atitudes e norte para os empreendedores.

Construir um plano de negócio é a melhor maneira de iniciar seu planejamento com estratégia da ideia ao negócio. Para montar uma empresa e fazer com que as ideias se transformem em um projeto de sucesso, é preciso ter uma visão abrangente e detalhada do mercado, do produto ou serviço, das atitudes empreendedoras e, em primeiro lugar, do cliente.

Um plano de negócio é importante para:

- ✓ Organizar as ideias ao iniciar um novo empreendimento;
- ✓ Orientar a expansão de empresas já em atividade;
- ✓ Apoiar a gestão do negócio, seja em seus números ou estratégias;
- ✓ Facilitar a comunicação entre sócios, empregados, clientes, investidores, fornecedores e parceiros;
- ✓ Captar recursos sejam financeiros, humanos ou parcerias estratégicas.

Um plano de negócio pode ser escrito com várias finalidades, tais como:

- ✓ Conhecer mais o mercado em que a empresa atua;
- ✓ Estabelecer acordos internos e alinhar as estratégias;
- ✓ Criar estratégias conjuntas;
- ✓ Obter empréstimos e ter acesso a serviços financeiros;
- ✓ Obter recursos de pessoas e empresas interessadas no negócio;
- ✓ Conceder crédito para comprar e negociar formas de pagamentos;
- ✓ Vender os benefícios dos produtos ou serviços e como forma de divulgar a empresa;

✔ Melhorar a comunicação interna, gerar comprometimento e fazer com que os colaboradores saibam o seu papel.

Um plano de negócio apresenta quatro funções principais:

1. **Como um instrumento de planejamento**

   Avalia o novo empreendimento do ponto de vista mercadológico, técnico, financeiro, jurídico e organizacional. Assim, é possível ter uma noção prévia do funcionamento da empresa.

2. **Como um instrumento de diagnóstico**

   Avalia a evolução da empresa para cada aspecto definido no plano. Assim, é possível realizar um acompanhamento comparativo entre o previsto e o que vem sendo realizado, tomando medidas para corrigir desvios.

3. **Como uma ferramenta de financiamento**

   Facilita a obtenção de capital de terceiros quando o capital próprio não é suficiente para cobrir os investimentos necessários ao negócio.

4. **Como um instrumento de gestão**

   Auxilia no dia a dia do empreendedor/empresário, no planejamento, na organização e no controle das suas ações.

COMPOSIÇÃO DE UM PLANO DE NEGÓCIO

1. SUMÁRIO EXECUTIVO

Nele, antecipam-se aspectos importantes do plano para fornecer uma ideia sobre cada seção. Por ser um resumo, é a última parte a ser escrita e deverá conter uma breve descrição da empresa.

Deve ser construído depois de todo o plano de negócio ter sido estruturado, pois trata-se de um resumo de forma sucinta e objetiva de tudo que foi escrito de forma detalhada e completa no corpo do plano de negócio.

Deve conter:

- A missão;
- Descrição sobre o que é o negócio;
- Diferenciais competitivos;
- Perfil dos empreendedores sócios ou as pessoas que estão à frente da ideia;
- Os produtos e serviços e seus principais benefícios;
- O segmento dos clientes que serão atendidos;
- A localização da empresa;
- O investimento total;
- Descrição do porquê de o empreendimento ser viável sob a ótica do empreendedor, com descrição de fatos e dados;
- Indicadores financeiros;
- Forma jurídica;
- Enquadramento tributário;
- Ponto de equilíbrio: a partir de quanto tempo, com o negócio estando em funcionamento, ele equilibrará as despesas com as receitas;
- Lucratividade: a partir da análise do fluxo de caixa e do demonstrativo de resultados financeiros, qual o percentual de lucro que se terá por mês;
- Prazo de retorno de investimento: em quanto tempo o investimento que foi aportado no negócio tem retorno para o empreendedor e/ou capitalista.

É comum, antes da execução escrita no sumário executivo, termos noção de qual público se interessará na leitura; dependendo do interesse de quem vai ler, devemos enfatizar alguns itens, com mais informações e riqueza de detalhes.

Normalmente, para que o sumário executivo cumpra seus objetivos, mesmo contendo todos os itens acima, ele deve:
- Ser simples, concisó e objetivo;
- Despertar o interesse de quem vai ler;
- Transmitir o profissionalismo da empresa e dos seus sócios idealizadores;
- Destacar as conclusões mais importantes;
- Fornecer visão geral do plano de negócio.

2. ANÁLISE DE MERCADO

Um dos principais componentes do plano de negócio é a análise de mercado. Ela ajuda o empreendedor a compreender o mercado em que atuará.

É fundamental conhecer o mercado em que você instalará seu negócio, de modo a definir os objetivos e metas efetivas. Para tanto, é importante:

- ✔ Identificar a oportunidade de mercado para produtos ou serviços que serão oferecidos;
- ✔ Estudar os clientes;
- ✔ Estudar os concorrentes;
- ✔ Estudar os fornecedores.

Um segmento de mercado é um conjunto de pessoas ou empresas com características em comum que se interessarão em comprar ou consumir os produtos e serviços.

Ao agrupar clientes e empresas, você terá mais chances de satisfazer de uma só vez as necessidades desse grupo com maior eficiência e eficácia.

Quanto mais recursos e opções os clientes demandarem, mais motivos para dividi-los em segmentos, pois assim os esforços serão concentrados em segmentos para atendê-los e não despenderemos energias e tempo de forma diluída.

Como dividir o segmento de mercado?

Deve-se responder às seguintes perguntas básicas, com base no cliente:

1. Quem está comprando?
2. O que está comprando?
3. Por que está comprando?
4. Hábitos de compra?
5. Renda?
6. Nível cultural?
7. Estilo de vida?
8. Onde mora?
9. Utiliza as redes sociais e o *e-commerce* para comprar?
10. Lê encartes promocionais?

Se o cliente é uma empresa, deve-se pesquisar o colaborador que decide as compras, bem como o gerente da área de compras e o colaborador interno que escolhe o que vai comprar; se possível, conhecer o organograma da empresa.

As respostas às perguntas anteriores, tanto para clientes pessoas físicas como clientes pessoas jurídicas, auxiliarão na definição:

- ✔ Dos canais de distribuição;
- ✔ Dos planos de comunicação com os clientes;
- ✔ Da política de preços.

Com relação aos concorrentes, devem ser avaliados e conhecidos:

- ✔ A sua posição no mercado;
- ✔ Seus produtos e serviços;
- ✔ Suas características;
- ✔ Seus benefícios;
- ✔ Seu colaborador campeão de vendas;
- ✔ Preços;
- ✔ Como vendem;
- ✔ Por que os clientes compram deles;
- ✔ Por que deixam de comprar ou por que continuam comprando;
- ✔ Quando lançar inovações na sua empresa, seus concorrentes responderão rapidamente às ações copiando você;
- ✔ Esses concorrentes terão recursos humanos, financeiros e tecnologia para reagir às suas inovações com agilidade.

Pode-se utilizar a técnica de "cliente oculto" para se obter as informações.

Com relação aos fornecedores, são formados por pessoas e empresas que fornecerão materiais, equipamentos, produtos e serviços.

É aconselhável manter um cadastro atualizado de fornecedores, em que se deve pesquisar pessoalmente por telefone ou pela internet:

- ✔ Preço;
- ✔ Qualidade;

✔ Condições de pagamento;
✔ Quantidade mínima de fornecimento;
✔ Prazo de entrega.

3. PLANO DE MARKETING

A elaboração do plano de *marketing* pode ser parte do plano de negócio, também algumas empresas elaboram o seu plano de *marketing* separadamente, tendo em vista a importância desse planejamento. É nele que são definidas ações que virão a contribuir para a viabilidade do seu negócio e auxiliar muito a área comercial.

O plano de *marketing* é a forma estruturada de como a empresa oferecerá seus produtos e serviços.

No plano de *marketing*, são planejados os seguintes itens:

✔ Identificação do cliente e público-alvo;
✔ Descrição dos principais produtos/serviços, bem como qualidade e utilidade;
✔ Preços praticados e margem de lucro;
✔ Estratégias promocionais;
✔ Formas de comercialização dos produtos/serviços;
✔ Localização do negócio;
✔ Estratégias de comunicação/divulgação, com a definição dos principais canais, de acordo com o modelo de negócio;
✔ Estratégias para fidelização do cliente;
✔ Diferenciação em relação à concorrência;
✔ Inovações.

Deve-se analisar o plano de *marketing* sob o ponto de vista dos benefícios percebidos pelos clientes.

Com relação ao segmento de mercado, o plano de *marketing* deve definir:

✔ Qual o mercado em que se pretende atuar;
✔ Qual o tamanho dele;
✔ Qual o comportamento dos clientes;
✔ Onde os clientes se encontram;

- ✔ Como seu produto/serviço chegará aos clientes;
- ✔ As vendas serão diretas ou por um canal;
- ✔ Como fará com que seus clientes saibam que a sua empresa existe;
- ✔ Como fará com que seus clientes saibam que seus produtos e serviços existem e que satisfarão as necessidades deles.

As formas mais utilizadas são:
- ✔ Propaganda;
- ✔ Promoção;
- ✔ Relações públicas;
- ✔ *Merchandising*;
- ✔ Venda pessoal e presencial;
- ✔ Redes sociais;
- ✔ *E-commerce;*
- ✔ Desenvolvimento de clientes.

Adequar o preço e a qualidade do produto ao valor atribuído pelo cliente e à necessidade de viabilizar financeiramente a empresa traduz-se de como a receita é auferida, ou seja, a receita é calculada pela quantidade vendida x preço = receita. Devemos atentar que o lucro ou prejuízo pode ser resultado da política de preços, por isso deve ser constantemente calculada, checada e validada.

4. PLANO OPERACIONAL

O plano operacional define como a empresa desenvolverá ou comercializará seus produtos e serviços, assim como a logística de entrega e a logística interna de operação, da matéria-prima ao produto.

Descreve o processo para produzir, vender ou executar os serviços da empresa.

Nesse plano, devem ser relacionados os equipamentos e materiais utilizados, a quantidade de pessoas necessárias e o tempo demandado para cada etapa.

A capacidade instalada e produzida é o quanto a empresa pode produzir, vender ou prestar serviços em um determinado período.

Cada item deve ser detalhado, objetivando evitar desperdícios e otimizar os processos de trabalho.

Devem ser definidos nessa etapa:

- ✔ Capacidade produtiva – cálculo da produção diária;
- ✔ Processos operacionais com detalhamento dos seus subprocessos, de forma que seja possível definir com clareza as necessidades de pessoal e o funcionamento do negócio;
- ✔ Necessidade de pessoal – dimensionamento do quadro de colaboradores efetivos ou terceiros com cargos e funções.

O *layout* ou arranjo físico define a distribuição dos setores, equipamentos, móveis e pessoas no espaço. Se possível, deve ser desenhada uma planta baixa; explicar com um texto, um *layout* é mais difícil.

5. PLANO FINANCEIRO

O plano financeiro é o resultado do plano de negócio, pois apresenta em números todas as ações planejadas. Nele, constam as seguintes informações:

- ✔ Estimativa das despesas fixas (custos fixos), tais como: aluguel, reforma do espaço, taxas, registros;
- ✔ Estimativa de despesas variáveis (custos variáveis), tais como comissão de vendas;
- ✔ Equipamentos necessários para a operacionalização do negócio, tais como equipamentos, móveis, utensílios e veículos, que são chamados de investimentos físicos;
- ✔ Cálculo do capital de giro;
- ✔ Investimento total no negócio para ele começar a operar e a funcionar;
- ✔ Estimativa do faturamento mensal;
- ✔ Estimativa com custos de prestadores de serviço, fornecedores, parceiros e terceirizações;
- ✔ Precificação dos produtos/serviços;
- ✔ Estimativa de custos com mão de obra;

- ✔ Estimativa de quando os sócios terão pró-labore;
- ✔ Estimativa de em quantos meses se atingirá o ponto de equilíbrio (receitas = despesas);
- ✔ Estimativa de quando se terá lucro (receitas maiores que as despesas);
- ✔ Recursos financeiros para financiar clientes nas vendas a prazo.

Se concluirmos que o negócio tem espaço no mercado, o próximo passo é calcular o investimento de implantação.

Nesse item, também teremos condições de avaliar e levantar, a partir da análise dos dados financeiros, a análise comparativa entre receitas e custos fixos e variáveis, identificando-se o quanto a empresa gastará e o faturamento esperado.

Esse levantamento permitirá construir o demonstrativo de resultados, um dos relatórios gerenciais mais importantes do plano financeiro, pois as despesas e receitas são colocadas lado a lado para avaliar se a empresa operará potencialmente com lucro ou prejuízo. Finalmente, é preciso ter consciência de que quem não mede não gerencia.

O plano financeiro possibilita calcular indicadores como ponto de equilíbrio, que é o faturamento mínimo para a empresa não ter prejuízos, o prazo de retorno de investimentos, ou seja, o tempo necessário para que sejam recuperados o capital investido e a lucratividade, ganho que a empresa obtém na relação entre seu lucro e a receita total.

No plano financeiro, também teremos condições de calcular a lucratividade, ganho que a empresa obtém entre seu lucro e a receita total.

Resumidamente, as grandes preocupações financeiras dos empreendedores são: se terão recursos para pagar as contas mensais e se a empresa é lucrativa.

CONSTRUÇÃO DE CENÁRIOS

Cenários devem ser preparados onde o negócio obtenha resultados pessimistas, como a queda nas vendas ou aumento de custos. Assim, também devem ser avaliados resultados otimistas, como o faturamento crescer e as despesas diminuírem.

Devemos pensar em ações para prevenir as adversidades ou para potencializar situações favoráveis.

Um plano B deve sempre ser pensado e estar pronto para ser colocado em produção.

É necessário também ficar atento às mudanças e tendências de mercado, sejam no contexto político, econômico, como no comportamento dos consumidores, retrato da situação econômica do país, impactada por eventos mundiais, sem previsibilidade de cenários.

Outro fator importante para análise dos cenários é estar sempre atento ao comportamento dos concorrentes.

Vale ressaltar que as tendências de mercado devem ser analisadas não apenas restritas ao nicho de mercado do seu negócio, mas com todos que podem afetar esse nicho.

A etapa final consiste na análise dos riscos.

É importante prever os fatores negativos e evitar riscos futuros. Considerando que toda empresa corre riscos, quando é criada ou está em atividade, prever e administrar esses riscos pode garantir a continuidade do negócio.

Para diferentes cenários, devem ser simulados valores e situações diversas. A análise desses cenários traz maior entendimento dos riscos, aplicando para os cenários de maiores probabilidades de riscos o desenho de diferentes estratégias.

AVALIAÇÃO ESTRATÉGICA

Toda empresa deve mostrar como competirá no mercado e definir estratégias para atingir metas.

A estratégia é a combinação entre os fins que a empresa busca e os meios utilizados.

Os fins são oriundos dos meios, ou seja, a definição da meta dá origem à ação. O que queremos enfatizar com isso é que a ordem é definir as metas, depois descrever as ações que deveremos incrementar para atingir tais metas.

Ao estabelecer estratégias, avalie os pontos fortes e fracos da empresa, as ameaças e oportunidades proporcionadas pelo ambiente externo.

Em um plano de negócio, deverão ficar registrados a missão, a visão e os valores do negócio. É nesse momento que se analisa a estratégia do negócio, que permitirá o estabelecimento de objetivos, metas e indicadores (métricas) no momento do planejamento estratégico da empresa.

Como ferramenta para avaliar estrategicamente o seu negócio, é comumente usada a conhecida Análise da Matriz SWOT ou FOFA, que permite a análise do contexto no qual a empresa estará inserida.

Análise da matriz FOFA significa identificar as:

- ✔ **F**orças
- ✔ **O**portunidades
- ✔ **F**raquezas
- ✔ **A**meaças

As Forças e Fraquezas dizem respeito às questões internas da empresa, enquanto as Oportunidades e Ameaças estão relacionadas ao ambiente externo ao negócio.

- ✔ **Forças:** representam as fortalezas do negócio, dos seus colaboradores ou mesmo tudo que a empresa possua que favoreça o seu negócio. O que é que fazemos bem? O que é que os outros veem como nossas forças?

- ✔ **Oportunidades:** olhando para o ambiente externo, devemos fazer as seguintes perguntas: quais são as tendências/oportunidades que se podem aproveitar? Como transformar suas forças em oportunidades?

- ✔ **Fraquezas:** opostas às fortalezas, aqui identificamos os pontos que nos colocam em desvantagem em relação ao mercado, ao analisarmos internamente o nosso negócio e seus sócios e empregados. O que é que pode melhorar? O que é que os outros veem como prováveis fraquezas?

- ✔ **Ameaças:** no ambiente externo, é importante avaliar o que pode prejudicar o seu negócio, tanto no que se refere à concorrência, com outros aspectos ligados à economia, política ou sociedade. Que ameaças podem prejudicar o andamento operacional, técnico e estratégico? Que fraquezas podem ser transformadas em ameaças?

	Fatores positivos	Fatores negativos
Fatores internos	**S** Strenghts / Forças	**W** Weaknesses / Fraquezas
Fatores externos	**O** Opportunities / Oportunidades	**T** Threats / Ameaças

AVALIAÇÃO DO PLANO DE NEGÓCIO

Planejar significa antecipar situações e preparar-se para elas.

O plano de negócio pode ser o começo ideal.

Ansiosos em ver a empresa em atividade, muitos empreendedores desconsideram a segunda etapa do processo empreendedor – o planejamento com a confecção do plano de negócio.

Com isso, a terceira e quarta etapas – captar recursos e gerenciar, respectivamente – podem não funcionar e ficarem comprometidas.

O principal motivo para elaborar um plano de negócio é ter uma base para gerenciar a empresa, ou seja, o plano de negócio é o alicerce principal do negócio que será construído.

Abrir um negócio é lidar com incertezas.

As dúvidas vão desde se os clientes chegarão, se as vendas crescerão ou se a empresa dará certo.

Como não é possível prever o futuro, valide tudo sempre, ajustando as informações de mercado, estimativas de receitas e custos calculados no planejamento.

O empreendedor deve apresentar as suas ideias para os clientes, verificando se eles concordam com as ideias, se aquelas ideias resolvem a "dor" deles e se pagariam pelo que se quer oferecer.

ALGUMAS DICAS E RECOMENDAÇÕES:

- ✔ Pesquise e valide sempre.
- ✔ Estude e busque inspirações baseadas em líderes de mercado.
- ✔ Lembre-se de que ter preparo e conhecimento é condição fundamental para a abertura e o crescimento do negócio, treinamento contínuo.
- ✔ Participe de cursos e palestras para se atualizar nas melhores práticas de gestão, educação continuada.
- ✔ Compareça a feiras e eventos voltados para o seu mercado consumidor.
- ✔ Procure informações sobre empresas e empreendedores que admira.
- ✔ Tenha bons sócios.
- ✔ Escolha seus sócios baseados nas competências profissionais.
- ✔ Seja cuidadoso ao se associar a parentes ou amigos só pela afinidade.
- ✔ Defina deveres para cada sócio e verifique se as expectativas sobre o negócio são semelhantes.
- ✔ Decida como será a política de venda de cotas e como ficará a empresa em caso de separação ou morte.
- ✔ Determine o que será feito quando a empresa tiver lucratividade, documente e registre tudo que ficar acordado.
- ✔ Busque consultores e mentores.
- ✔ Identifique um mentor experiente para conversar sobre a empresa, esclarecer dúvidas, ouvir recomendações e ter exemplos.
- ✔ Atraia talentos, motive a sua equipe e invista em treinamento.
- ✔ Possua talentos que participem das decisões táticas e estratégicas.
- ✔ Valorize funcionários preparados e motivados, pois entregam mais do que é pedido.
- ✔ Ofereça oportunidades de crescimento.
- ✔ Defina cargos e salários coerentes e reconheça os resultados.
- ✔ Melhore o atendimento com os clientes.
- ✔ Não basta atender bem na hora da compra; para fidelizar o cliente, o bom atendimento deve ser na pré-venda, venda e pós-venda.
- ✔ Tenha em mente: o que beneficia a imagem da empresa é a pós-venda.

- ✔ Busque pessoas experientes e esteja atento às reclamações dos clientes.
- ✔ Utilize consumidores fiéis para ter um *feedback* sempre e constante da empresa, do atendimento e do produto.
- ✔ Trace estratégias de preços, com promoções, de acordo com datas comemorativas e mercado.

Encontrar o preço certo é um desafio. O preço afeta a rentabilidade e posiciona a marca.

Calcular o lucro a partir dos custos é apenas o primeiro passo.

O preço deve estar dentro da prática do mercado e acima do custo unitário.

As projeções de venda precisam ser coerentes com o mercado, e a capacidade de entrega compatível com os canais de distribuição e sua estratégia de comunicação.

Deve-se fazer um planejamento financeiro e uma previsão do fluxo de caixa.

Quanto vamos precisar para abrir um negócio?

Depois de quanto tempo o caixa ficará positivo?

Deve-se identificar quais relatórios o empreendedor precisará conhecer e ter sobre a mesa.

Se for decidido implantar um *software* como ferramenta gerencial, deve-se escolher um adequado ao negócio e de preferência customizado, para não se investir mais do que o necessário.

Deve-se conhecer a rentabilidade do negócio.

Melhor que saber o lucro é conhecer a rentabilidade.

Buscar empréstimo com frequência pode comprometer a rentabilidade, pois implica juros altos e caixa no vermelho.

Se as contas não fecham, é hora de cortar os custos. Devemos começar pelas atividades que não geram lucros. É hora também de monitorar os orçamentos e observar com "lupa" as despesas.

Se o caixa anda desequilibrado e as vendas estagnadas, repense as estratégias.

Esperar as vendas caírem é um erro, pode ser tarde para reconquistar os clientes e oxigenar novamente a empresa.

Por isso, o empreendedor deve ter consciência de que não existe empresa sem um comercial forte com vendas fortes e crescimento nas vendas constante e exponencial.

Todas as energias empreendedoras e a convergência do pensamento de todos os clientes internos devem ser concentradas no aumento das vendas e na área comercial.

Os clientes externos são a razão de existência de qualquer empresa; se não comprarem, não teremos receitas nem negócio.

Outra coisa importante é ser politicamente correto ao lado da lei e escolher a melhor forma de tributação.

Um planejamento tributário malfeito gera gastos desnecessários.

Devem ser estudados os regimes de tributação: simples, lucro presumido e lucro real, e deve ser decidido qual o mais indicado de acordo com a operação do seu negócio.

Contratar um bom contador também é essencial para uma boa assessoria contábil, além de identificar soluções legais para reduzir custos tributários.

O mantra das empresas do século XXI é que as empresas devem se preocupar com a diversidade, responsabilidade social e a sustentabilidade do planeta.

CRIAÇÃO DO MODELO DE NEGÓCIOS COM O QUADRO CANVAS

O quadro canvas é um quadro criado por Alexander Osterwalder (empreendedor suíço e pesquisador), que permite visualizar as principais funções de um negócio em blocos relacionados, descrevendo e alterando modelos de negócios de forma integrada, onde vimos com mais detalhes no capítulo 7 deste livro.

Embora seja utilizada por *startups*, a ferramenta é indicada para empresas em geral, uma vez que sua principal função é permitir que tanto empreendedores quanto estrategistas possam definir o modelo de negócios de sua empresa de forma simples e visual.

A metodologia baseia-se em um CANVAS (tela, daí o nome), em que estão dispostos os nove principais elementos de um modelo de negócio: segmentos de clientes, proposição de valor, canais, relacionamento com clientes, fontes de receita, recursos-chaves, atividades-chaves, parcerias-chaves e estrutura de custos.

Por ser muito visual e de fácil compreensão, o CANVAS é uma ferramenta muito prática e possibilita refletir e identificar de forma simples os quatro aspectos fundamentais de um modelo de negócios em apenas uma página, uma tela: clientes, oferta, infraestrutura e viabilidade financeira.

Como o mercado é mutável, em função do dinamismo dos cenários que mudam sempre, o CANVAS é utilizado e preenchido com *post its*, uma vez que, a qualquer mudança, são substituídos os *post its* por outros.

8
DEFININDO OBJETIVOS, METAS E PLANOS DE AÇÃO PARA IMPLANTAÇÃO DE UM NEGÓCIO DE SUCESSO

8

DEFINIÇÃO DE OBJETIVOS E METAS NA ETAPA DO PLANEJAMENTO

Para implantação do modelo de negócio pretendido e idealizado, além do planejamento realizado no quadro canvas ou do planejamento efetuado no plano de negócio, devemos definir objetivos e metas.

OBJETIVOS

Objetivos organizacionais representam o lugar em que as empresas desejam e pretendem chegar e atingir. Tais objetivos, para serem alcançados, devem estar contidos no seu comportamento organizacional dinâmico quando falamos nas mudanças constantes em curto, médio e longo prazos do mercado. Tais objetivos mutáveis variam em função do mercado, devem ser alcançáveis e estão relacionados aos ambientes interno e externo da organização. Assim, podemos afirmar que as organizações não existem sem o estabelecimento de objetivos, mesmo que mudem constantemente.

Estabelecer objetivos é importante para um negócio. Por meio deles, é possível permitir algumas condições de crescimento equilibrado. Os objetivos servem para dar direção ao negócio com desafios constantes para seus integrantes, participantes, fornecedores, parceiros e terceiros, pois o que o empreendedor quer na realidade é fazer com que nossos clientes sejam atendidos com satisfação, para garantir a lucratividade da empresa.

A fixação de objetivos auxilia o desenvolvimento da empresa por todos os seus órgãos estratégicos, táticos e operacionais, assegurando que cada colaborador tome suas decisões e encontre o melhor caminho para entregar seus resultados individuais e coletivos.

Os objetivos necessitam serem compostos claramente de dados, análises e informações confiáveis. Para isso, se faz necessária a utilização de ferramentas de *marketing* digital e convencional, bem como a interferência direta da gestão, que fixará os objetivos baseados em pesquisas e indicadores de mercado. Os objetivos influenciam diretamente nas ações e nas tomadas de decisão. Vale lembrar que alguns objetivos são traçados no histórico de anos anteriores, gerando mais informações para direcionar a empresa em suas decisões atuais e futuras.

Os melhores objetivos são aqueles que valorizam e desafiam a capacidade de seus colaboradores, pois os indicadores convertidos em métricas, quando apresentados aos clientes internos, devem ter coerência, estar dentro das possibilidades reais e futuras de cada um e serem sempre factíveis.

Os objetivos estão vinculados à motivação, uma vez que motivação é o desejo de exercer esforços de grande intensidade na direção dos objetivos organizacionais. Isso significa dizer que são importantes o alinhamento e a convergência entre os objetivos individuais, os objetivos organizacionais e a motivação, de modo que todos os colaboradores estejam empenhados em atender os objetivos organizacionais e internos, para que seja uma empresa vencedora.

Os objetivos de uma empresa dizem respeito aos resultados qualitativos que ela deseja alcançar para cumprir dentro da sua missão, estipulada por todos os seus colaboradores, do porteiro ao presidente (do P ao P), dentro de determinado prazo e conforme o cenário e mercado em que o negócio está inserido e em funcionamento.

É possível definir um ou mais objetivos, dependendo do alvo que quer atingir em curto, médio e longo prazos. O importante é que todos os objetivos sejam voltados para a estratégia, ou seja, levem a empresa para o caminho do sucesso.

Esse objetivo factível deve ser estipulado, como também deve estar contido no planejamento estratégico, que envolve o estudo do ambiente de negócios, a análise SWOT (FOFA), com a definição clara da sua missão e visão.

A definição desse objetivo deve estar convergente com todas as questões que orientarão a empresa sobre como chegar a um futuro sustentável.

Novamente, vale ressaltar que os objetivos devem ser definidos com base na missão e visão da organização, que são as norteadoras da organização, conforme visto anteriormente.

Voltando aos conceitos de:

MISSÃO

Serve de critério geral para orientar as tomadas de decisões, para definir objetivos e auxiliar na escolha das decisões estratégicas e auxiliar no perfil desejado dos talentos na ocasião do recrutamento e seleção.

VISÃO

É uma projeção das oportunidades futuras do negócio da organização e uma concentração de esforços na sua busca para essa projeção das oportunidades futuras. Estabelecer objetivos organizacionais e individuais é importante para um negócio. Por meio deles, é possível permitir algumas condições de crescimento equilibrado, principalmente se os objetivos individuais estiverem em sintonia com os organizacionais. O objetivo serve para dar direção ao negócio, com desafios constantes para seus integrantes (clientes internos).

A fixação de objetivos auxilia o desenvolvimento da empresa por todas as suas áreas, a nível de diretoria, gerências e equipes, podendo ser classificados como:

- **Estratégicos** – são macro objetivos da organização, que devem ser estabelecidos no longo prazo pelo seu presidente e diretores.
- **Táticos** – são aqueles que são definidos pelas áreas da organização, RH, Finanças, Marketing, Produção, Processos e Vendas.
- **Operacionais** – são aqueles de curto prazo, relacionados à realização das atividades dos colaboradores (chão de fábrica).

Todos os três níveis se relacionam entre si, alguns com a organização como um todo, outros com cada divisão ou unidade da organização e outros ainda com cada tarefa ou operação a ser executada dentro da organização. Dessa forma, assegurando que cada colaborador trabalhe em sintonia com os interesses da organização e direcionados aos objetivos estratégicos da empresa.

A utilização de ferramentas de *marketing* digital e convencional, além da gestão, pesquisas e indicadores de mercado, contribuem muito para o estabelecimento de objetivos claros e mensuráveis, influenciando diretamente as ações e tomadas de decisões. Vale lembrar que alguns objetivos são traçados com base no histórico de anos anteriores, gerando mais informações para direcionar a empresa em suas decisões futuras.

Os melhores objetivos são aqueles que valorizam e desafiam a capacidade de seus colaboradores, pois devem ter coerência, estar dentro das possibilidades reais e futuras, sendo sempre factíveis.

Como quem traz receitas são os clientes, todos da organização devem fazer esforços no sentido de alcançar objetivos voltados para o atendimento e fidelização desses clientes externos.

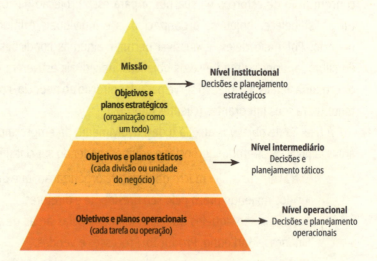

METAS

Os objetivos têm o caráter qualitativo do propósito a ser alcançado e as metas têm o caráter quantitativo. Dentro do conceito de SMART, a meta deve ter quatro requisitos: específico, mensurável, factível (alcançável), realístico e com tempo definido para execução.

AS METAS DEVEM SER S.M.A.R.T.
✓ **Specific (específico)**
Metas claras e concisas.

✔ **Measurable (mensurável)**

Podem ser medidas, caso tenha um indicador para mensurá-las. Exemplo: valores, percentuais, quantidades etc.

✔ **Achievable (alcançável)**

Devem ser alcançáveis, atingíveis.

✔ **Relevant (relevante)**

Precisam ter um significado, uma importância para a organização.

✔ **Time bound (limitado pelo tempo)**

Deve ser definido um prazo, um limite para serem alcançadas.

METAS S.M.A.R.T.	
S	**SPECIFIC (ESPECÍFICO)** Que sejam específicas para uma melhoria.
M	**MEASURABLE (MENSURÁVEL)** Que você possa medir e comparar resultados para verificar sua evolução.
A	**ACHIEVABLE (ALCANÇÁVEL)** Que sejam realistas.
R	**RELEVANT (RELEVANTE)** Que produzam impacto positivo na sua empresa.
T	**TIME LIMITED (TEMPORAL)** Que tenham um prazo definido.

Meta, por sua vez, compreende o tempo e os meios que serão utilizados para conquistar determinado objetivo. Trata-se de pequenos objetivos quantitativos a serem alcançados, em um curto ou médio espaço de tempo, que farão com que aos poucos se esteja mais próximo do objetivo que se quer conquistar. Por exemplo: em X meses, serão aplicados Y% dos rendimentos para investir no serviço B. No serviço B, o objetivo é atingir Z% de *share* do mercado.

Outro exemplo:

OBJETIVO: quero correr a maratona.

META: quero correr a Maratona do Rio, que acontecerá em dezembro, em um tempo de 2 horas e chegando em primeiro lugar.

Em resumo: o objetivo é o que o empreendedor quer ter; a meta define como alcançar isso.

ELABORAÇÃO DO PLANO DE AÇÃO (5W2H) A PARTIR DO CICLO PDCA

PDCA

É uma ferramenta de gestão que tem como objetivo promover a melhoria contínua dos processos por meio de um ciclo de quatro ações: planejar (*Plan*), fazer (*Do*), checar (*Check*) e agir (*Act*). É um método de gestão que facilita a tomada de decisão, medindo e corrigindo os rumos, com vista ao alcance das metas. É um ciclo contínuo de planejamento, de execução, avaliação e aprendizado, corrigindo os desvios de um processo organizacional.

O ciclo PDCA é utilizado para controlar um processo operacional, com as funções básicas de planejar, executar, verificar e atuar corretamente.

O ciclo PDCA é projetado para ser usado como um modelo dinâmico. A conclusão de uma volta do ciclo fluirá no começo do próximo ciclo e, assim, sucessivamente.

P = Planejar

Planejamento é um processo que define as metas e os objetivos que se deseja alcançar.

- Serve para produzir as estratégicas organizacionais, departamentais e individuais.
- Organiza os meios pelos quais se quer conseguir um objetivo.
- Encaminha e controla todos os passos seguintes para a execução dos processos e atividades.

D = Fazer

No ciclo do PDCA, significa executar o que foi planejado de forma organizada, de acordo com os planos de ação estabelecidos na fase do planejamento.

C = Checar

Nesta fase, vamos monitorar e avaliar o que foi executado, se está de acordo com o que foi planejado. Devem ser registrados os desvios encontrados.

A = Agir

Identificação de soluções para correção dos desvios encontrados.

Dessa forma, ao aplicar o PDCA, estamos buscando continuamente recolocar os objetivos no rumo planejado.

Deve-se fazer o PDCA para cada ação individualizada, servindo para ajustar as ações ao seu planejamento, em qualquer negócio e dentro do nosso propósito de abertura de um negócio de padaria/confeitaria.

Imagem: Freepik.com.

O plano de ação é uma ferramenta de gestão que nos permite planejar e acompanhar as ações definidas para atingir um determinado objetivo/meta.

No plano de ação, são definidos os prazos e os responsáveis pela execução de cada ação estabelecida.

5W2H

A situação é super comum: um empreendedor tem uma ideia bastante clara de um novo produto/serviço, que resolve o problema de um determinado cliente e deseja fazer o seu lançamento no mercado. Já formou um time, que está motivado; já reuniu os recursos humanos, físicos e financeiros e até traçou um plano estratégico; porém, a realização desse plano é cheia de desafios, de obstáculos, de impasses e, sobretudo, de dúvidas.

Solução: ferramenta 5W2H.

Essa ferramenta auxilia o empreendedor a fazer a gestão desse projeto de forma organizada e com a máxima clareza.

A planilha 5W2H é composta dos itens:

- **What** – O quê? – O que tenho que fazer? O que será feito?
- **Who** – Quem? – Quem fará?
- **When** – Quando? – Quando será feito?
- **Why** – Por quê? – Por que será feito?
- **Where** – Onde? – Onde será feito?
- **How** – Como? – Como será feito?
- **How much** – Quanto? – Quanto vai custar?

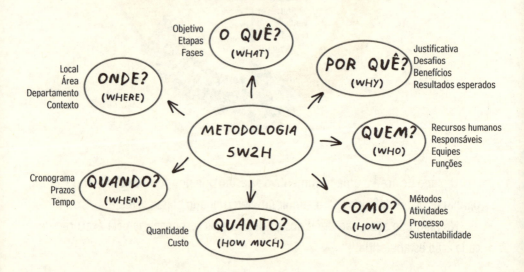

No quadro a seguir, podemos observar um exemplo de um plano de ação – 5W2H de uma meta de uma determinada padaria.

O quê?	Quem?	Onde?	Por quê?	Quando?	Como?	Quanto?
Aumentar a temperatura do forno	José	Forno 2W5C	Diminuição da duração do processo	01/maio	Aumentar potência do motor	Aumento de 0,5% do custo operacional
Incluir inspeção durante o processo	Carlos	Linha 17	Diminuir refugo	05/junho	Aumentar um operador	1 salário + benefícios
Reunião de segurança no início do turno	Larissa	Unidade de BH	Diminuição de acidentes	07/maio	Reunião com o supervisor de segurança	5 minutos iniciais do turno (custo zero)
Comprar novo sistema de manutenção	Roberto	Unidade SP	Muitos dias fora da meta de produção	01/março	Implantação de novo sistema pela manutenção	R$ 20.000,00

COMO SE TER SUCESSO PARA UM NEGÓCIO INOVADOR

Resumindo:

- Conhecer as ferramentas e técnicas de planejamento;
- Pensar no cliente, o que ele gostaria de ver e sentir no seu estabelecimento – compreenda o seu cliente, avalie suas necessidades, converse com eles e proporcione a melhor experiência possível ao consumir seus produtos e serviços;
- Oferecer produtos de qualidade;
- Organizar o estabelecimento, otimização do espaço, identidade visual;
- Ter higiene, limpeza é fundamental;
- Agrupar produtos;
- Fixar preços de forma visível;
- Capacitar colaboradores para um atendimento de excelência;
- Controlar o estoque e manter em segurança – mercadoria parada no estoque é sinônimo de perda de dinheiro, ordene seu estoque;
- Usar a tecnologia a seu favor;
- Divulgar e promover os seus produtos.

Um *case* de sucesso ajuda a mostrar que a metodologia utilizada para uma determinada ação é a que tem comprovado maior efetividade. São as estratégias desenhadas que surtiram efeito, e não as do concorrente.

Com certeza, já ouvimos a palavra *benchmarking* em alguma conversa do trabalho, não é? Alguém que queria aprender alguma coisa e buscou uma pessoa para ajudar e trocar informações. Existem diversos exemplos de *benchmarking* e aproveitá-los para trazer melhorias para o seu negócio é uma estratégia certeira para o crescimento.

O QUE É BENCHMARKING?

Benchmarking é o processo de comparação do próprio negócio, operações ou processos com os de outras empresas ou *cases* de sucesso do mercado. O *benchmarking* pode ser aplicado em qualquer produto, processo, função ou abordagem nos negócios. Pontos focais comuns para iniciativas de *benchmarking* incluem: produtividade, qualidade, custo, precificação, eficácia, como o comercial consegue vender mais e satisfação do cliente.

O objetivo do *benchmarking* é comparar as próprias operações versus a de seus concorrentes e gerar ideias para melhorar os seus processos, abordagens e tecnologias, para reduzir custos, aumentar lucros, fortalecer a fidelidade, aumento nas vendas e satisfação dos clientes.

O *benchmarking* é um componente importante nas iniciativas de melhoria contínua e de qualidade, sempre levando em conta a ética.

O *benchmarking* deve ser utilizado sempre, porém a proposta é que se faça sempre melhor e com excelência, comparando-se ao que existe no mercado.

PROJETO GERAL PARA A IMPLANTAÇÃO DE UM NEGÓCIO

Processo para a implantação de um negócio bem-sucedido.

✔ **Empreendedorismo convencional**

1) ESTUDO DA IDEIA			
2) VALIDAÇÃO DA IDEIA			
NEGÓCIO	JUNTO AO MERCADO	JUNTO AO SEGMENTO - CLIENTES E PONTO	
3) CONFECÇÃO DO PLANO DE NEGÓCIO			
ÁREA DE ATUAÇÃO			
LEGISLAÇÃO PERTINENTE			
DEFINIÇÃO DA MISSÃO, VISÃO E VALORES			
DEFINIÇÃO DO CAPITAL SOCIAL			
FONTE DE RECURSOS PARA INVESTIMENTOS			
CAPITAL DE GIRO		CUSTEIO DO NEGÓCIO	
4) ANÁLISE DO MERCADO			
CLIENTES	CONCORRENTES	FORNECEDORES	
5) PLANO DE MARKETING			
DESCRIÇÃO DOS PRINCIPAIS SERVIÇOS	ESTRATÉGIAS PROMOCIONAIS	PRECIFICAÇÃO	FORMAS DE COMERCIALIZAÇÃO
6) ESTUDO DE LOCALIZAÇÃO DO NEGÓCIO			
7) PLANO OPERACIONAL			
LAYOUT / ARRANJO FÍSICO - LOGÍSTICA INTERNA	CAPACIDADE PRODUTIVA	PROCESSOS OPERACIONAIS	NECESSIDADES DE PESSOAL
8) PLANO FINANCEIRO			
DESPESAS FIXAS	DESPESAS VARIÁVEIS	CAPITAL DE GIRO	
9) ESTIMATIVA DE INVESTIMENTOS			
PRÉ-OPERACIONAIS		TOTAIS	
10) ESTIMATIVA DE FATURAMENTO MENSAL			
11) ESTIMATIVA DE CUSTOS			
TERCEIRIZAÇÃO DE MÃO DE OBRA	MATÉRIA-PRIMA	FIXOS OPERACIONAIS MENSAIS	TRIBUTOS
12) DEMONSTRATIVO DE RESULTADOS			
13) CONSTRUÇÃO DE CENÁRIOS			
14) AVALIAÇÃO ESTRATÉGICA			
15) ANÁLISE DA MATRIZ SWOT OU FOFA			
16) ELABORAÇÃO DO PLANO DE AÇÃO E 5W2H			
17) ABERTURA DA EMPRESA			
ESTRUTURA SOCIETÁRIA	CONTRATO SOCIAL	CONTRATAÇÃO DO CONTADOR	
18) COLOCAR EM PRÁTICA O PLANO DE NEGÓCIO COM VALIDAÇÃO CONSTANTE			

✔ Empreendedorismo digital

1) IDEIA - DESCOBERTA DO PROBLEMA QUE AFETA O MERCADO E O CLIENTE
2) DESENVOLVIMENTO DO CLIENTE
3) VALIDAÇÃO DA IDEIA JUNTO AOS FUTUROS POTENCIAIS CLIENTES - DESCOBERTA DE CLIENTES
4) VALIDAÇÃO DO PRODUTO JUNTO AO MERCADO - DESCOBERTA DA SOLUÇÃO
5) SEGMENTO DE CLIENTES - IDENTIFICAÇÃO DAS PERSONAS
6) APLICAÇÃO DO CANVAS
PROPOSTA DE VALOR
CANAIS
RELACIONAMENTO COM O CLIENTE
FLUXO DE RECEITAS
RECURSOS-CHAVES
ATIVIDADES-CHAVES
PARCEIROS-CHAVES
ESTRUTURA DE CUSTOS
CRIAÇÃO DO MÍNIMO PRODUTO VIÁVEL

7) VALIDAÇÃO DO MODELO DE NEGÓCIOS			
BASE TECNOLÓGICA	NEGÓCIO INOVADOR	REPETÍVEL	ESCALÁVEL

8) ELABORAÇÃO DO PLANO DE NEGÓCIO A PARTIR DO CANVAS
9) ABERTURA DA EMPRESA

ESTRUTURA SOCIETÁRIA	CONTRATO SOCIAL	CONTRATAÇÃO DO CONTADOR

10) COLOCAR EM PRÁTICA O QUADRO CANVAS
11) ELABORAR O PLANO DE NEGÓCIO

9

HOJE EMPREGADO, AMANHÃ EMPREENDEDOR

Não resta a menor dúvida de que existem vantagens em ser empregado e ser empresário, assim como também desvantagens em ser empregado e ser empresário, como tudo na vida.

Porém, analisando os cenários e tendências futuras reais, ou o emprego vai acabar ou ele vai diminuir muito.

Quando falo que o emprego vai diminuir muito, digo que o modelo atual dos tempos de Getúlio Vargas vai sofrer mudanças radicais na sua aplicação, em relação à legislação da época e o modo de como as empresas empregam hoje, onde o velho emprego tende a ter os seus dias contados.

Quando falo que o emprego vai acabar, digo com conhecimento de causa que as empresas não terão recursos para pagar salários acima da média, com altos encargos sociais, e não mais contratarão para dar emprego, mas sim trabalho, onde a diferença sutil disso é que emprego tem o vínculo CNPJ x CPF, e trabalho tem o vínculo CNPJ x CNPJ, onde o foco dessa nova modalidade de contratação será de administração por objetivos, enfatizando os resultados e entregas.

Por mais que tenhamos a economia aquecida, o mercado não vai absorver o quantitativo grande de colaboradores que estão hoje no modo "off-line", ou no modo avião, ou desempregados.

Temos fatos e dados, em função de todas as crises que já atravessamos, as empresas com as suas gestões criativas descobriram novas formas de produtividade e competitividade com um mínimo de "cabeças de obra", intraempreendedoras nas suas folhas de pagamentos e não o antigo empregado "mão de obra" cumpridor de horários, com salários no final do mês e subservientes às chefias.

E aí, qual será a solução para aqueles talentos que não conseguiram esse lugar nas empresas como CLT e estão fora do mercado de trabalho?

Só vejo como alternativa o empreendedorismo.

Este empreendedorismo deve ser feito com problemas reais descobertos, com propósitos, com as metodologias científicas próprias, com muito estudo, pesquisa e orientações de consultores e mentores. Se for feito com essas premissas, certamente dará certo.

No seu estágio empreendedor de planejamento, a partir da elaboração de um canvas ou plano de negócio bem elaborado, as chances para o empreendedor são enormes, para o negócio ser bem-sucedido com riscos menores.

A partir daí, o empreendedor passa a ser "dono do negócio", ou seja, ele passa a entender que deixou para trás dois números significativos: o número 13 de décimo terceiro e o número 5 referente ao dia de pagamento dos tempos de empregado. No mundo empresarial, essas duas datas deixarão de existir e serão substituídas por pró-labore e distribuição de lucro.

Uma coisa importante e gratificante para o empresário é que ele, com essa camisa empresarial, passará a oferecer empregos para a sociedade através do seu estabelecimento, cumprindo com a sua responsabilidade social.

O momento mais crítico das empresas e dos empresários são os primeiros dois anos. São os anos que os donos de negócio erram mais e acham que têm que trabalhar para garantir o seu salário. Erra-se muito porque se tem uma série de experiências novas e muitas surpresas, e nesses dois anos são as fases de maiores tentativas e erros.

Passado esse tempo, a partir da experiência desses dois anos e de muito aprendizado adquirido, onde os acertos começam a ser muito maiores que os erros, a empresa entra em uma fase de crescimento.

Nos próximos cinco anos, com maturidade e com muita inspiração, transpiração e inovação com transformação digital, ele passa a ser empresário na concepção exata da palavra. Já na nova fase, com um CNPJ sênior, certamente passa a enxergar que o seu patrão agora é o seu cliente.

Assim, o "EU-PRESÁRIO" passa a ser um EMPRESÁRIO total e pleno de verdade, deixa de pensar no seu salário e passa a pensar no lucro, onde a delegação, e não a centralização, vai fazer com que o seu negócio decole mais e cresça com convicção empresarial, com perspectivas certeiras de muito sucesso.

Temos só que tomar o cuidado de não cair na zona de platô, zona de conforto, comportamento normal após cinco anos de existência, onde certamente com o plano de ação executado e desenhado no planejamento e com muitos clientes já atingimos um patamar de lucratividade, e aí o empresário relaxa. A atenção agora é para o empreendedor fazer reflexões e se policiar para não ser um empresário "JÁ SEI DE TUDO". Sinal amarelo se estiver pensando assim. Recorra à humildade e relembre das suas dificuldades iniciais, quando a humildade foi fator preponderante para chegar até onde você está hoje.

Quando você virar empresário, esteja sempre do lado da solução e evite o chavão: ...mas... O PROBLEMA É QUE... Quando a solução não faz parte do seu repertório, existe sempre: ...mas... O PROBLEMA É QUE... nociva a qualquer solução.

A hora agora é também deixar de pensar no operacional e pensar mais no estratégico.

O clichê do futebol não se aplica ao mundo corporativo: "Em time que está ganhando não se mexe", muito pelo contrário, as empresas são organismos vivos e dinâmicos, e os clientes e os seus hábitos estão em mutação constante, a concorrência está sempre nos copiando, se articulando para dar o bote, para roubar nossos clientes, e o mercado muda toda hora, portanto, com inovações constantes, deve-se mudar e mexer constantemente, para a empresa se tornar sempre competitiva.

Como observação, deixo aqui a minha recomendação principal da necessidade de planejamento estratégico com plano de ação, e chamo para reflexão, fazendo a seguinte pergunta:

"Quem ganha uma guerra? O general ou o soldado?"

Resposta: os dois, uma vez que o general não faz nada sem o soldado, e o soldado não faz nada sem o general.

O general elabora a estratégia, e o soldado executa a estratégia. Aí está a maneira simples de entendermos que podemos fazer um brilhante planejamento estratégico, mas se não tiver o plano de ação, de nada adiantará.

Iniciativa e acabativa.

Vamos ganhar essa guerra?